TAI JI QUAN

esporte e cultura

Roland Habersetzer

TAI JI QUAN

esporte e cultura

Tradução
OCTAVIO MENDES CAJADO

EDITORA PENSAMENTO
São Paulo

Título do original:

tai ji quan
sport et culture

Copyright © Éditions Amphora S/A, 1983.

Edição   Ano

1-2-3-4-5-6-7-8-9-10   94-95-96-97-98

Direitos de tradução para o Brasil
adquiridos com exclusividade pela
EDITORA PENSAMENTO LTDA.
Rua Dr. Mário Vicente, 374 — 04270-000 — São Paulo, SP — Fone: 272-1399
que se reserva a propriedade literária desta tradução.

Impresso em nossas oficinas gráficas.

Em homenagem ao Sensei Tadahiko Ohtsuka, e para honrar uma promessa solene feita numa noite em Tóquio...

Em testemunho de amizade a André Merckel e a quantos encontram no Caminho chinês luz e refúgio...

R. Habersetzer

Todas as fotografias foram tiradas pelo autor, exceto as de nº 1 (The people's sports publishing House Peking, China), 14 (B. N. Estampes), 15 (Alain Destouches), 31, 32, 33, 38 e 39 (Serge Dreyer e Associação Tai ji quan Wu dang da França), a quem ele agradece muitíssimo por haver-lhes permitido a publicação neste livro.

SUMÁRIO

PREFÁCIO 11

INTRODUÇÃO: RETORNO AO SER 13

PRIMEIRA PARTE
NO COMEÇO ERA O DAO

CAPÍTULO I: A VISÃO TAOÍSTA DO UNIVERSO. 17

A) Os grandes princípios. 18
   O *Dao* 18
   O *Yin* e o *Yang* 19
   Os 5 elementos e a noção de espaço-tempo 21
   Os diagramas do Yi Jing 22

B) O homem, entre o céu e a terra.. 23
   A grande tríade taoísta. 23
   Wou-wei, o princípio do não-agir 25

CAPÍTULO II: NEI TAN E QI GONG: A VIA ESOTÉRICA. 27

A) A via da alquimia interna 27
   Noções fundamentais de fisiologia taoísta. 27
   O domínio da respiração 31

B) O caminho para o homem verdadeiro
   As três etapas da sublimação 32
   Os três degraus do Tai ji quan 32

CAPÍTULO III: O "BOXE DO PINÁCULO SUPREMO" 35

A) Das origens aos nossos dias 35
   As teorias. 35
   A história recente 36
   As modificações 36
   Os principais estilos 38

B) Tai ji quan para todos 40
   Uma arte múltipla. 40
   Uma técnica completa 40

C) As bases práticas 41
   Regras 41
   Conselhos 44
   Alguns preceitos dos mestres 46

SEGUNDA PARTE
TAI JI QUAN, AS SEQÜÊNCIAS DOS MOVIMENTOS

CAPÍTULO I : O GRANDE ENCADEAMENTO (YANG-JIA TAI JI QUAN) 53
I) A Terra 54
   Seqüência 1: Preparação (yu bei shi)... 54
   Seqüência 2: Abertura (qi shi) 54
   Seqüência 3: Agarrar a cauda do pássaro (lan que wei) 56
   Seqüência 4: Chicote simples (dan bian)...................................... 62
   Seqüência 5: Erguer as mãos (tishou shangshi) 66
   Seqüência 6: O grou branco estende as asas (bai he liang chi) 66
   Seqüência 7: Dar um passo à frente e bater no joelho esquerdo (lou xi ao bu) 68
   Seqüência 8: Tocar guitarra (pipa) (shou hui pipa) 68
   Seqüência 9: Por três vezes dar um passo à frente e bater no joelho (lou xi ao bu) . 70
   Seqüência 10: Tocar guitarra (pipa) (shou hui pipa) 70
   Seqüência 11: Dar um passo à frente e bater no joelho esquerdo (lou xi ao bu) 72
   Seqüência 12: Dar um passo à frente, desviar para baixo, aparar e golpear com o punho (jin bu ban lan chui)... 72
   Seqüência 13: Traga de volta e avance (fechamento aparente) (ru feng si bi) 74
   Seqüência 14: Cruzar as mãos (shi zi shou) 74

II) O Homem 76
   Seqüência 15: Acossar o tigre e trazê-lo de volta à montanha (bao hu gui chan) 76
   Seqüência 16: Punho debaixo do cotovelo (zhoudi chui) 76
   Seqüência 17: Por três vezes, recuar e repelir o macaco (dao nian hou).......... 78
   Seqüência 18: Vôo em diagonal (xie fei shi) 80
   Seqüência 19: Erguer as mãos (ti shou shangshi)............................. 80
   Seqüência 20: A cegonha estende as asas (bai he liang shi) 82
   Seqüência 21: Dar um passo à frente e bater no joelho esquerdo (lou xi ao bu) 82
   Seqüência 22: A agulha no fundo do mar (hai di zhen) 82
   Seqüência 23: Os braços em leque (shan tong bei) 82
   Seqüência 24: Virar-se e golpear com o punho (pie shen chui) 82
   Seqüência 25: Dar um passo à frente, desviar para baixo, aparar e golpear com o punho (jin bu ban lan chui).. 84
   Seqüência 26: Aparar, puxar para trás, apoiar na frente, afastar as mãos e avançar (shang bu lan qiao wei).. 84
   Seqüência 27: Chicote simples (dan bian)..................................... 86
   Seqüência 28: Agitar as mãos como nuvens (yun shou) 86
   Seqüência 29: Chicote simples (dan bian)..................................... 88
   Seqüência 30: Afagar o pescoço do cavalo (gao tan ma) 88
   Seqüência 31: Separar os pés (fen jiao) 88
   Seqüência 32: Virar-se e golpear com o calcanhar (zhuan shen deng jiao)......... 90
   Seqüência 33: Por duas vezes, bater no joelho e girar com o corpo (lou xi ao bu)... 90
   Seqüência 34: Avançar um passo e golpear com o punho para baixo (jin bu cai chui) 92
   Seqüência 35: Virar-se e golpear com o punho (pie shen chui) 92
   Seqüência 36: Dar um passo à frente, desviar para baixo, aparar e golpear com o punho (jin bu ban lan chui).. 94
   Seqüência 37: Desferir um golpe com o calcanhar para o alto (ti jiao)............ 94
   Seqüência 38: Golpear o tigre à esquerda (zuo da hu) 94
   Seqüência 39: Golpear o tigre à direita (you da hou) 96
   Seqüência 40: Dar um golpe de calcanhar direto para o alto (ti jiao) 96
   Seqüência 41: Golpear as orelhas do adversário com os punhos (shuang feng guan er) 96
   Seqüência 42: Vibrar um golpe com o calcanhar esquerdo para o alto (zuo ti jiao) .. 98
   Seqüência 43: Virar e golpear com o calcanhar direito (zhuan shen deng jiao)...... 98

Seqüência 44: Dar um passo à frente, desviar para baixo, aparar e golpear com o punho (jin bu ban lan chui)...... 98
Seqüência 45: Trazer de volta e empurrar (fechamento aparente) (ru feng si bi)..... 100
Seqüência 46: Cruzar as mãos (shi zi shou) 100

III) O Céu..... 102
Seqüência 47: Acossar o tigre e levá-lo de volta à montanha (bao hu gui chan)..... 102
Seqüência 48: Chicote simples em diagonal (dan bian)..... 102
Seqüência 49: Por três vezes, separar a crina do cavalo selvagem (yema fen zong).. 104
Seqüência 50: Agarrar a cauda do pássaro (lan que wei) 106
Seqüência 51: Chicote simples (dan bian)..... 106
Seqüência 52: Por quatro vezes, a rapariga de jade tece e lança a naveta
(yunu chuan suo) 108
Seqüência 53: Agarrar a cauda do pássaro (lan que wei) 112
Seqüência 54: Chicote simples (dan bian)..... 112
Seqüência 55: Agitar as mãos como nuvens (yun shou) 112
Seqüência 56: Chicote simples (dan bian)..... 112
Seqüência 57: A serpente que rasteja (sheshen xia shi)..... 112
Seqüência 58: Por duas vezes o galo de ouro se mantém sobre um pé (jinji du li)... 114
Seqüência 59: Recuar e repelir o macaco (dao nian hou) 114
Seqüência 60: Vôo em diagonal (xie fei shi) 116
Seqüência 61: Erguer as mãos (ti shou shang shi)..... 116
Seqüência 62: A cegonha estende as asas (bai he liang shi)..... 116
Seqüência 63: Dar um passo à frente e bater no joelho esquerdo (lou xi ao bu)..... 116
Seqüência 64: A agulha no fundo do mar (hai di zhen) 116
Seqüência 65: Os braços em leque: (shan tong bei)..... 116
Seqüência 66: A serpente branca dardeja sua língua (baishe tu xin) 118
Seqüência 67: Dar um passo à frente, desviar para baixo, aparar e golpear com o punho (jin bu ban lan chui)..... 118
Seqüência 68: Aparar, puxar para trás, apoiar na frente, afastar as mãos e empurrar
(shang bu lan qiao wei)..... 118
Seqüência 69: Chicote simples (dan bian)..... 118
Seqüência 70: Agitar as mãos como nuvens (yun shou) 120
Seqüência 71: Chicote simples (dan bian)..... 120
Seqüência 72: Afagar o pescoço do cavalo e furar com a mão (gao tan ma)..... 120
Seqüência 73: Virar e desferir um golpe com o calcanhar direito (shizi tui) 122
Seqüência 74: Dar um passo à frente a desferir um golpe com o punho para baixo
(lou xi zhi dang chui) 122
Seqüência 75: Aparar, puxar para trás, apoiar na frente, afastar as mãos e empurrar
(shang bu lan qiao wei)..... 122
Seqüência 76: Chicote simples (dan bian)..... 122
Seqüência 77: A serpente que rasteja (sheschen xia shi)..... 124
Seqüência 78: Dar um passo à frente e formar as sete estrelas (shangbu qi xing).... 124
Seqüência 79: Recuar e cavalgar o tigre (tui bu kua hu)..... 124
Seqüência 80: Voltar-se e varrer o lótus (zhuan shen bai lian)..... 124
Seqüência 81: Retesar o arco e atirar ao tigre (wan gong she hut) 126
Seqüência 82: Dar um passo à frente, desviar para baixo, aparar e bater com o punho
(jin bu ban lan chui)..... 128
Seqüência 83: Trazer de volta e empurrar (fechamento aparente) (ru feng si bi)..... 128
Seqüência 84: Cruzar as mãos (shi zi shou) 128
Seqüência 85: Fechamento do Tai ji (shou shi) 128

DESENVOLVIMENTO DO GRANDE ENCADEAMENTO SEGUINDO A CLASSIFI-
CAÇÃO EM 108 MOVIMENTOS.. 130

REVISÕES E PORMENORES DO GRANDE ENCADEAMENTO 133

AS 24 FORMAS DE YANG MING SHI
    Leitura das estampas 152

CAPÍTULO II: O PEQUENO ENCADEAMENTO(FORMA DE PEQUIM) 153
Movimento preparatório (shi zi shou) 154
    Primeiro grupo 154
    Segundo grupo 156
    Terceiro grupo 160
    Quarto grupo... 164
    Quinto grupo... 164
    Sexto grupo.. 170
    Sétimo grupo... 170
    Oitavo grupo... 174

TERCEIRA PARTE
JI BEN DONG ZUO (OS EXERCÍCIOS DE BASE)

CAPÍTULO I 179
Exercícios preparatórios.. 182
    Primeiro exercício 182
    Segundo exercício 184
    Terceiro exercício.. 184
    Quarto exercício 186
    Quinto exercício 186
    Sexto exercício 188
    Sétimo exercício... 188
    Oitavo exercício 190

CAPÍTULO II: INTRODUÇÃO AO SHI SHAN SHI (AS 13 POSTURAS) 191
    Primeira Seqüência.. 193
    Segunda Seqüência.. 198

PREFÁCIO

"Conheci o Senhor Roland HABERSETZER há dez anos, por ocasião de minha demonstração de Tai Chi em Paris, no dojô do finado Deshimaru Taisen, e nós nos entendemos muito bem desde esse dia. Ele se interessou na hora por essa Arte e continuou, depois disso, a exercitar-se com muita seriedade.

Pude constatar que ele é, de fato, um dos pioneiros do Tai Chi na França e um dos mais eminentes praticantes nesse país.

Motivo pelo qual acabo de nomeá-lo professor de Tai Chi do Gojukensha japonês."

Tadahiko OHTSUKA
Diretor Geral
da Federação de Tai Chi
do Gojukensha, Tóquio, Japão.

Da esquerda para a direita: o sr. T. Ohtsuka, o sr. Yo Meiji, professor do precedente e o autor (agosto de 1984, Tóquio).

"O abaixo-assinado, Tadahiko Ohtsuka, certifica haver nomeado o Senhor Roland Habersetzer professor de Tai Chi do Gojukensha.

1º de dezembro de 1982, em Tóquio.
T. Ohtsuka."

O sábio Lao Zi (Lao Tseu), que cavalga o búfalo, é o pressuposto autor do célebre Dao De Jing, o "Livro sobre o Dao (a Via) e o De (a Virtude)". Cf. pág. 18 (Pintura de Yao Pu-chih, aliás Wu-Chiao, 1052-1110.) National Palace Museum, Taipei, Taiwan.

> *"Os que estudam o Dao são tão numerosos quanto os pêlos de um búfalo, mas os que o cumprem são tão raros quanto os chifres do Licorne."*
>
> Zhao Bichen
> *("Alquimia e fisiologia taoístas")*

> *"Associando-se às imensidades da natureza, um coração de homem pode tornar-se tão grande quanto a terra e o firmamento."*
>
> Yuanzi
> *(210-263 d.C.)*

RETORNO AO SER

"Os que falam não sabem. Os que sabem não falam..." é uma das inúmeras sentenças que se atribuem ao sábio Lao Zi. Com efeito, quanto mais progredimos nas técnicas do Extremo Oriente, tanto mais relativo parece o conhecimento que acreditamos ter a seu respeito, e mais nos repugna ensiná-las, e até falar sobre elas. É que a lição delas, sem dúvida, surtiu efeito. Lao Zi deve ter razão. Mas podemos continuar a querer, muito modestamente, informar as pessoas e incitá-las ao seu descobrimento, a fim de que outros possam beneficiar-se por seu turno. Quando bebemos água, não nos descuremos da fonte... nem o exemplo dos que a ela nos conduziram. Essa é a única ambição deste livro. Mas reconheço de pronto e de bom grado que nada, nem ninguém, poderá jamais conter a verdadeira natureza do Tai ji quan, ainda que fosse numa biblioteca enciclopédica.

Ginástica suave, descontração em movimento, ioga chinês, tomada de consciência e sabedoria do corpo, exercício terapêutico, técnica da longa vida, escola do domínio de si mesmo... o Tai ji quan é, por certo, tudo isso. E tudo isso se aprende. Mas ele é ainda muito mais do que isso, tanto a jusante quanto a montante. Porque estamos, felizmente, fazendo pouco caso de uma concepção antiga e tenaz, que data da época em que as artes marciais japonesas "duras" irromperam no Ocidente, segundo a qual o Tai ji quan é uma espécie de balé simbólico, que apenas serve para os velhos, os doentes, os que, de qualquer maneira, não podiam pretender coisa alguma. Assim, a jusante, e muito prosaicamente, o Tai ji quan é também uma técnica de combate, uma arte marcial que goza de todas as vantagens e de todos os direitos, cuja eficácia, conquanto não seja evidente, não é menos fácil de ser provada por um especialista; e esse aspecto, felizmente, se redescobre; e também se aprende. Mas a montante, mais misteriosamente, o Tai ji quan é uma via de realização do ideal taoísta, uma escola filosófica que desemboca numa visão intuitiva da Última Verdade, um retorno à Unidade Primordial através da pesquisa de uma força que não se apóia no desenvolvimento muscular, mas na concentração da energia interna que todo homem possui e que faz dele uma parcela do Universo. E isso se descobre, simplesmente. Praticar o Tai ji quan, mais do que aprender uma técnica enquanto técnica, é aprender um saber-fazer que pode permitir que se descubra, um dia, um saber-ser.

Sob esse aspecto, o Tai ji quan faz parte de um conjunto cultural de raízes milenares; é um pedaço dessa memória coletiva que o homem extrai do humo das civilizações; pois numerosas foram as que, na procura da harmonia do corpo e do espírito, propuseram uma via de realização própria, que é também a do Conhecimento, sede eterna do homem atarantado pela necessidade de se situar no universo. Por trás de seus gestos lentos e graves se perfila um verdadeiro código de decifração de si mesmo, e, portanto, de todo o resto, microcosmo e macrocosmo, númenos e fenômenos. Talvez seja tudo isso que sente confusamente aquele que, sem ser levado por uma tentativa mística, encontra pela primeira vez o Tai ji quan; freqüentemente, com efeito, constrangido num universo social em que sofre coações cada vez mais numerosas, o indivíduo busca um novo equilíbrio, que só pode passar por uma redefinição de si mesmo em relação aos seus pontos de referência clássicos; ele dá-se pressa, então, a subscrever uma forma de expressão corporal que se apresenta como um regresso ao natural, um redescobrimento da espontaneidade, um aprendizado paciente das virtudes do "não-agir". Perseguindo o ego fútil, o Tai ji quan é uma volta ao ser em lugar do parecer. Seja nos *kwoon** de Hong Kong, nos *wuguan** de Taipei ou nos *dojô** de Tóquio, como aliás nas salas em que se pratica, cada vez mais, de agora em diante, o Tai ji quan na Europa ou nos Estados Unidos, uma coisa me apareceu claramente: no rosto distendido desses homens e mulheres, nos seus olhos abertos para as profundezas da alma, descobri uma arte de viver. Assim concebido e praticado, e apesar de uma eficácia em combate que sentimos latente num alto grau de prática, o Tai ji quan é, decerto, um instrumento de paz.

Existem, a partir de agora, numerosos livros de vulgarização do assunto. Este é mais um. Eu não quis repetir aqui certos erros cometidos alhures: banindo os transbordamentos excessivos de um texto volumoso, que afoga tão depressa o essencial, eu o quis, primeiro que tudo, manual prático, com prioridade para a imagem. O sentido do pormenor não implica a existência de um texto pesado, tanto mais que, nesse caso, a tentação de intelectualizar a propósito de tudo esconde a prática verdadeira.

Agradeço aos inúmeros leitores de minha primeira obra sobre o assunto (*Kung-fu*, aparecido nesta mesma coleção em 1957 e cuja primeira parte era toda ela consagrada ao Tai ji quan) que me escreveram para assinalar algumas imprecisões no texto ou na imagem, o que me decidiu a redesenhar as seqüências e me permitiu rematar a nova apresentação. A eles, como aos que acabam de descobrir o Tai ji quan, faço votos para que estas páginas os incitem a dar o primeiro passo, ou a ir mais longe, na via do retorno ao Ser em si. Não é mais que uma questão de tempo, vontade e coração.

R. HABERSETZER

 *O autor:* Roland Habersetzer foi um dos primeiros faixas-pretas franceses de caratê. Autor de umas vinte obras sobre artes marciais do Extremo Oriente, que constituem autoridade nos países de língua francesa, pesquisador apaixonado, convencido das virtudes dos ensinamentos tradicionais, ele realiza há mais de 20 anos uma obra de vulgarização que o torna um dos grandes especialistas mundiais presentes nesse domínio. Diplomado na França, diplomado no Japão, diplomado pela Hong Kong Chinese Martial Arts Association e pela Koushu Federation of the Republic of China, foi ele o criador, em 1974, na Alsácia, do Centro de Pesquisas Budo, associação internacional que reagrupa, por meio de vínculos de amizade, todos os que se preocupam com o futuro espiritual das artes marciais (C.R.B., chemin du Looch, 67530 Saint-Nabor, França).

---

* *Salas tradicionais de treinamento.*

A foto acima, assim como as fotos das páginas 34 e 50, representa o sr. Yo Meiji no estilo de Pequim (Taïkyokuken), em agosto de 1984, em Tóquio.

CapÍtulo I

A VISÃO TAOÍSTA DO UNIVERSO

Escrevemos na obra *Kung-fu*[1] que toda arte marcial traz a marca de uma cultura "e que todo movimento, toda posição, toda atitude do Gong fu (fazendo parte dos Wu Shu, as artes marciais chinesas, o Tai ji quan pertence a essa família) subentende raízes filosóficas e psicofisiológicas oriundas de certa concepção chinesa do Universo, macrocosmo do qual o homem, microcosmo, não é mais que um prolongamento infinitesimal". Constatação da qual é bom partir de novò no limiar deste livro para jamais esquecer a verdadeira dimensão do tema abordado, mesmo que não desejemos explorá-lo em toda a sua dimensão. Eis por que uma breve incursão no domínio da cosmologia chinesa nos parece indispensável, sem chegar, todavia, a um exercício de gloseologia, deslocado

---

1. Tendo optado pelo sistema de transcrição chamado "pinyin" da República Popular da China, oficial desde 1958, pareceu-nos útil indicar aqui abaixo as principais correspondências com a antiga tradução dada pela Escola Francesa do Extremo Oriente (sistema E.F.E.O.) a fim de não confundir o leitor já familiarizado com certas bases:

Dao	= *Tao* (ou *Do*, ou *Michi*, em japonês)
Dao De Jing	= *Tao Te King*, ou *Tao Tö King*
Dan Tian	= *Tanden*, em japonês
Gong fu	= *Kung-fu*
Qi	= *Chi* (ou *Ki*, em japonês)
Qi gong	= *Chi kung*
Lao Zi	= *Lao Tseu*
Nei gong	= *Nei kung*
Nei jia	= *Nei Chia*
Tai ji quan	= *Tai chi chuan*, ou *Tai k'i k'iuan*
Wai jia	= *Wai chia*
Wu xing	= *Wu hsing*
Yi Jing	= *Yi King*, ou *I Ching*
Zhuang zi	= *Tchouang Tseu*

numa obra que almeja, antes de tudo, continuar a ser um manual prático acessível a todos.[2]

A) OS GRANDES PRINCÍPIOS

A China tem sua linguagem, e essa linguagem versa sobre conceitos filosófico-religiosos dificilmente acessíveis a um espírito cartesiano, e, aliás, muitas vezes tão delicados que não se podem traduzir em termos ocidentais mais ou menos equivalentes. O hermetismo dessa linguagem, e, não raro, o seu esoterismo, tornam-lhe o acesso tanto mais difícil quanto tudo nela está ligado a tudo e qualquer tentativa de fragmentação da parte de um pensamento discursivo logo faz dela um discurso incoerente.

O *DAO*

Encontramos de pronto a primeira dificuldade: como exprimir o inexprimível, sondar o insondável? *Dao* é uma dessas palavras cujo sentido profundo escapa à inteligência pura.

Acredita-se que o pai do taoísmo seja o sábio Lao Zi (cuja existência histórica é até contestada por alguns). Ele se teria chamado Li Eul, mas só lhe conhecemos agora o nome público: "Lao", que significa "velho" e "Zi", título reservado aos sábios ou autores dos clássicos. Lao Zi pode traduzir-se por "velho sábio" ou "velha criança". Situa-se o personagem no país de Tch'ou, onde teria vivido no século VI a.C. Consoante a lenda, ele quis terminar sua vida retirando-se para as montanhas do Oeste do país, mas foi-lhe preciso transpor uma passagem bem guardada; como preço da passagem, deixou ao guarda do local o seu ensinamento, que o tornará imortal. Diz-se, com efeito, que ele lhe deixou nada menos que sua obra, o célebre *Dao De Jing*, a saber, um texto sobre o *Dao* (a Via) e o *De* (a Virtude). Depois, o eremita desapareceu para sempre, deixando a gerações de metafísicos e tradutores um rébus... Pois o seu livro, considerado como a Bíblia do Taoísmo (e, aliás, o mais traduzido depois da Bíblia), desconcertante e enigmático, não cessou de alimentar exegeses e comentários. Cumpre, aliás, ajuntar a esse clássico outra obra capital, posterior, a do sábio Zhuang Zi, que esclarece em parte a de Lao Zi, sem esquecer o Yi Jing, o mais antigo dos Cinco Livros Clássicos (*Wou Jing*) que o próprio Lao Zi cita abundantemente e do qual trataremos mais adiante. Pode dizer-se que o conjunto das três obras forjou o que pode ser considerado como o ideal taoísta.

Vamos ao essencial. Primeiro o *De*. Traduz-se o termo por "virtude" ou "eqüidade". Ele representa tudo o que é conforme ao *Dao*. O *De* é a expressão do *Dao*, a manifestação, no sábio, da compreensão do *Dao*, da sua vida em harmonia com o Universo, na espontaneidade total, sob a forma de algo "vivido", e não de uma virtude convencional. Essa qualidade interior do homem que chegou ao Conhecimento, define-a Zhuang Zi como a "realização perfeita da harmonia".

Mas o que é o *Dao*? O próprio Lao Zi fornece uma quantidade de expressões que permitem se faça uma aproximação razoável do termo, que se traduz geralmente por "Via" (no rumo do Conhecimento Supremo); encontrar-se-á assim um sem-número de sinônimos para circunscrever um conceito que não se pode conter inteiro numa única palavra: a Causa Primeira, o Princípio Universal, o Grande Todo, o que precede o Céu

---

2. Veja igualmente: *Kung-fu, a epopéia da Mão de Ferro*, do mesmo autor. Press Pocket, nº 1578.

e a Terra, o inalcançável assim no tempo como no espaço, a Unidade Primordial, de onde tudo procede e para onde tudo retorna, a Essência, o Absoluto, a Última Realidade, a Ordem Cósmica, a porta de acesso a todos os mistérios... Ao contrário, todavia, do Confucionismo, que, por sua vez, propõe um ensinamento sistemático, impõe crenças, define ritos, o *Dao* procura em vão traduzir uma coisa que não tem contornos definíveis. O próprio ideograma chinês que o representa compõe-se de dois elementos: no primeiro, encontramos a idéia de princípio, ou de origem, e, no segundo, a idéia de marcha. Podemos, portanto, traduzi-lo por "movimento num caminho que leva à origem", e podemos compreender que isso designa a marcha do homem rumo a um objetivo transcendente, de onde a tradução de "Via", geralmente admitida. Mas Lao Zi nos preveniu: no exato momento em que acreditamos finalmente pegá-lo, defini-lo, encerrá-lo em palavras, o *Dao* nos escapa... Pois escapará sempre, por natureza, aos critérios da razão: o "conhecimento" que o homem dele pode ter só pode ser intuitivo e só pode resultar de um movimento inteligente. O Taoísmo é uma filosofia do mundo, religião cósmica que estuda o universo e suas leis e busca definir o lugar do homem nesse universo.

Compreendemos melhor, agora, quando Zhuang Zi descreve o *Dao* como o mistério último "para o qual retornam as palavras". Diz ele ainda: "O *Dao* pode ser transmitido, mas não agarrado, apreendido, mas não visto. Transcende as regiões do Zênite, mas não é alto. Anterior ao Céu e à Terra, não é antigo. Embora mais velho do que o primeiro dos anciãos, não é velho." E Okakura Kakuzo nos dá dele, no "O Livro do Chá", outro enfoque: "O *Dao* é o espírito que anima a mudança cósmica. É o eterno devir que, a exemplo do dragão, se enrola sobre si mesmo. Faz-se e desfaz-se como as nuvens... É a Grande Mutação, o próprio Espírito do Universo, o princípio imutável que preside às transformações do mundo da multiplicidade." A imagem fundamental que voltamos a encontrar no Tai ji quan. Não nos afastamos do propósito deste livro. Pois o *Tao* impregna cada ser; é uma concretização infinitesimal dele, limitada no tempo e no espaço. É uma manifestação temporária e frágil da energia universal responsável pela dinâmica do cosmo. Cumpre-lhe, portanto, conformar-se com as leis cósmicas, que, em caso contrário, o destruiriam. Para que o homem possa verdadeiramente realizar-se, desenvolver suas potencialidades, preservar seu equilíbrio, terá de respeitar a ordem cósmica. O problema está em que o homem é dotado de razão e que a sensação que se pode ter dessa ordem cósmica é uma questão de instinto. Ele deve ter a vontade, e talvez a coragem, de abstrair-se da razão e seguir tão-somente o instinto, que não pode enganá-lo. Donde a imagem, nas filosofias do Extremo Oriente, do homem que deve reencontrar a espontaneidade e a simplicidade de um coração de recém-nascido. Paradoxalmente, quando o homem alcança afinal esse estágio de libertação da golilha intelectual, o Taoísmo o declara dono do Conhecimento... (o único conhecimento que não é aparência pura). Eis aí as perspectivas (existe também um *Tao* místico e um *Tao* mágico) nas quais se inscreve a prática do Tai ji quan, em estreito e constante acordo com as grandes linhas de força do Universo e que o executante deve sentir agir através dele, quando se põe em movimento, como um boneco de engonço preso a fios movidos alhures.

O *YIN* E O *YANG*

Essas duas noções constituem, com o *Dao*, o tríptico original do pensamento chinês. Representam a dupla polaridade dos seres e das coisas. Conforme a tradição, o caos original deu nascimento ao *Yin,* princípio negativo (tudo o que acalma, o feminino, a morte, a terra, a lua, a noite, etc.) e ao *Yang*, princípio positivo (tudo o que tonifica, o masculino, a vida, o céu, o sol, o dia, etc.). O *Yang*, mais leve, ergueu-se para formar o Céu, ao passo que o *Yin,* mais denso, desabou para constituir a Terra. Assim se teriam

colocado as duas grandes forças da natureza e o princípio da dualidade que rege o mundo, dando lugar a uma representação gráfica que se tornou célebre, o Tai ji (ou Taiki), representação da igualdade e do equilíbrio perfeitos.

Trata-se de um círculo dividido em duas partes iguais por uma linha sinusoidal; a parte negra representa o elemento *Yin* e a parte branca, o elemento *Yang;* cada elemento contém uma parcela do outro, na forma de um ponto. As duas extremidades da linha de demarcação fundem-se harmoniosamente na circunferência do círculo, que simboliza o *Dao*. Dessa maneira, o *Yin* e o *Yang* se fundem numa onda eternamente renovada.

Pois "o aberto é seguido do fechado e o fechado é seguido do aberto" (So-Ouenn). Na realidade, nunca há nada cortado, tudo é sempre interação, e as forças dualistas não estão confinadas em compartimentos estanques! A união perpétua de uma e de outra, o movimento delas, até o seu antagonismo, criam a vida no universo. *Yin* e *Yang* são os aspectos móveis de uma única e mesma realidade e não se pode conceber uma força sem a outra. O erro, a loucura do homem consiste em acreditar que tudo, por força, é sempre branco ou preto, bem ou mal. O ocidental tende facilmente a compartimentar. A realidade, mais sutil, é muito mais dinâmica. Será assim com os movimentos do Tai ji quan, onde, à imagem das forças *Yin* e *Yang*, cada técnica termina começando a seguinte, onde a cada ação positiva corresponde uma ação negativa, onde nada jamais é imutável. Pois na natureza o confronto das duas forças não conduz ao caos, em que pese a certas aparências, senão, com o tempo, ao equilíbrio salvador. Destarte, o desenvolvimento do Tai ji quan lembra que toda forma não pode deixar de ser ação instantânea, inapreensível, sempre em vias de se reformar; que um movimento nunca é duas vezes idêntico; que o movimento perpétuo pertence à imagem da harmonia cósmica e exprime o *Dao*.

Toda vida é assim ritmada, em todos os níveis. No plano da natureza humana, o *Yin* governa tudo o que é instinto, emoção, intuição, tudo o que procede da vida interior, ao passo que o *Yang* é inteligência e razão, tudo o que se volta para o exterior. *Yin* é igualmente a parte inferior do corpo e *Yang* a superior. Para o Taoísmo, o Homem Ideal, o Homem Perfeito é o perfeito exemplo do equilíbrio dessas duas forças latentes: "Imóvel, ele está em comunhão com o mundo *Yin;* agindo, está em comunhão com o mundo *Yang*", escreveu Zhuang Zi. A Força e o Domínio nascem da sua harmonia; e quando se rompe o equilíbrio, cada força procura dominar a outra e elas se tornam igualmente destrutivas, fatores da desintegração, tanto psíquica quanto física, do homem. E é estúpido acreditar que, por natureza, o *Yang* suplanta o *Yin;* no fundo, antes o contrário acontece: para Lao Zi, o lado esquerdo é o lado nobre, que encarna a fraqueza do *Yin;* desse modo, o lado esquerdo carrega o escudo, sinal da não-violência e da paz; o lado direito, ao contrário, *Yang,* é desconsiderado porque representa a agressividade e a dispersão (a mão direita empunha a espada, sinal de destruição). A passividade é uma economia da energia vital, ao passo que a atividade não passa de uma destruição e uma corrida para a autodestruição. Na verdade, os vales *(Yin)* é que recebem finalmente a água das alturas majestosas *(Yang);* e a bela cascata impetuosa não acaba sendo, um dia, absorvida pelas partes baixas, onde se transforma em rio, e depois em lago estagnado? Lao Zi escreve: "A fraqueza tem a razão da força e a flexibilidade da dureza" e também "a solidez e a rigidez são as companheiras da morte; a flexibilidade e a fraqueza são as companheiras da vida." Eis aqui, portanto, uma doutrina extraordinária, que focaliza a força da fraqueza... Lição fundamental, na qual se inspira o Tai ji quan, todo feito de flexibilidade e harmonia, que recupera sem cessar o movimento para não lhe perder a energia, e, de um modo geral, toda a arte do Gong fu, em que um sem-número de mestres privilegia as esquivas em detrimento das técnicas de força pura.

OS 5 ELEMENTOS E A NOÇÃO DE ESPAÇO-TEMPO

No princípio era o *Dao,* no fim subsistirá o *Dao,* porque ele não tem começo nem fim. Entre o princípio e o fim, a eterna mudança do cosmo taoísta, a oscilação das duas forças primeiras que faz nascer, por seu turno, os cinco elementos (wu xing) dos quais deriva todo acontecimento, toda vida, toda coisa. Esse princípio, erigido em verdadeira "lei dos cinco elementos", permite formular a teoria (fundamental, por exemplo, em acupuntura) dos ciclos. Esses ciclos existem tanto no tempo quanto no espaço, e toda a criação, do macrocosmo ao microcosmo, está sujeita a eles. Essa descoberta é antiga e remonta à época em que, na China, na Mesopotâmia ou no Egito, o homem observou o alongamento ou a diminuição, no chão, das sombras trazidas pelas coisas inertes; acudiu-lhe a idéia de fincar o bastão no solo para ver melhor o deslocamento da própria sombra: o gnômon fez o homem compreender que o percurso da sombra se fazia simultaneamente no espaço e no tempo, duas noções desde então inseparáveis. Daí nasceram as noções de hora, de ciclo cotidiano, de ciclo anual, de pontos cardeais e de orientação; aos cinco períodos do ciclo anual correspondem cinco elementos, ou substâncias: a primavera (= madeira), o verão (= fogo), o fim do verão (= terra), o outono (= metal), o inverno (= água). Esses cinco elementos coexistem na natureza, engendram-se (ciclo de produção, segundo uma ordem criativa, nos "Primeiros Céus da Mudança"), mas se destroem também um ao outro (ciclo de dominação, segundo uma ordem destrutiva, nos "Últimos Céus da Mudança"). Mais uma vez, tudo está ligado, tudo está em tudo.

Eis aqui o ciclo de produção:
— a terra engendra o metal (mineral?),
— o metal engendra a água (fusão?)
— a água engendra a madeira,
— a madeira engendra o fogo,
— o fogo engendra a terra (cinzas?)
e o ciclo de dominação:
— a terra destrói a água,
— a água destrói o fogo,
— o fogo destrói o metal,
— o metal destrói a madeira,
— a madeira destrói a terra.

Para certos autores, esse ciclo se explicaria da maneira seguinte: o mundo estava recoberto pelas águas. Delas emergiu a terra. As florestas, madeira, povoaram a terra. O machado, metal, desmoitou a floresta. O fogo destruiu o metal. Na realidade, nada pode ser assim tão simples, pois até cada um dos cinco elementos possui um aspecto *Yin* e um aspecto *Yang* (por exemplo: a água-*yin* suplanta a água-*yang*, o fogo-*yin* destrói o metal-*yang*, e assim por diante).

Por fim, pelo processo clássico de interação, os cinco elementos provocam, por seu turno, o nascimento dos "10.000 seres", isto é, o conjunto das coisas criadas. O ensinamento taoísta, por conseguinte, é a conscientização de que não existe nenhuma realidade distinta, nenhum ponto em rigoroso equilíbrio, mas que tudo é um tecido contínuo de mudanças infinitas. A forma atual de um relevo não é mais que um estágio da interação entre uma força de levantamento e uma força de erosão, e o traço pleno ou o quebrado só existem em relação ao espaço vazio.

Encontramos a teoria dos ciclos em cada um dos três grandes sistemas internos de Gong fu (Nei jia, por oposição aos numerosos estilos externos, duros, do tipo Shaolin, que se agrupam na família Wai jia). É o que acontece em Xing-i (Hsing-i), às vezes também chamado por isso Wu xing quan, o "boxe dos cinco elementos", cujas cinco técnicas básicas de punho estão em relação direta com os princípios acima. A cada elemento corresponde, a um tempo, uma técnica precisa e uma víscera do corpo humano (madeira = fígado; metal = pulmão; água = rins; terra = baço; fogo = coração). Da mesma forma o Tai ji. O famoso mestre Zheng Man-quing propunha a seguinte equivalência entre os cinco elementos e os movimentos básicos: virar o corpo e golpear o lótus (= água); separar o pé (= madeira); virar-se e golpear com o calcanhar (= fogo); o galo de ouro apóia-se numa perna só (= metal); chicote simples (= terra). Por outro lado, a orientação precisa das seqüências do Tai ji quan no que diz respeito aos pontos cardeais mostra a vontade de colocar o corpo em função de certas linhas de força (magnetismo terrestre? sentido esotérico?) como se se propusesse deixá-lo "em condições".

Enfim, assim o Tai ji quan como o Ba gua (Pakua), o "boxe dos oito trigramas", estão em correlação estreita com os hexagramas do Yi Jing.

OS DIAGRAMAS DO YI JING

O leitor terá observado na pág. 20, dispostos à volta do símbolo do Tai ji, oito grupos de traços cheios ou quebrados por três: são os trigramas, outra simbólica da filosofia taoísta, que representam o *Yin* e o *Yang* em formas lineares.

Partindo do traço pleno e do traço quebrado, obtemos quatro pares de linhas fundamentais:

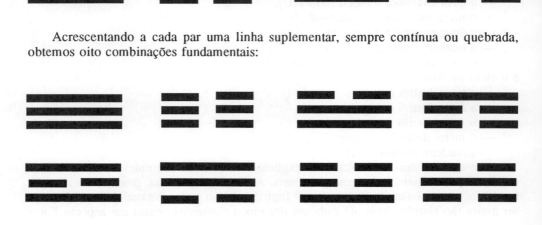

Acrescentando a cada par uma linha suplementar, sempre contínua ou quebrada, obtemos oito combinações fundamentais:

É a série dos 8 trigramas (Ba gua), que encerra a mensagem inicial do Taoísmo, representação linear do que o Tai ji representa em forma circular: nada nunca se quebra na realidade; cada trigrama contém os elementos de mudança e pode facilmente transformar-se em outro. Os trigramas, portanto, foram concebidos como as oito imagens fundamentais do que se passa no universo; exprimem também o movimento perpétuo dos seres e das coisas. Quer a tradição que sua origem remonte ao lendário imperador Fou Hi-ti, que teria vivido há 5.000 anos. Esses diagramas remontam, em realidade, à prática antiqüíssima dos oráculos, na qual se utilizavam varas inteiras (*yang*) e varas quebradas (*yin*): agitam-se por muito tempo num recipiente cilíndrico, seguro horizontalmente, a fim de ali misturá-las por meio de choques sucessivos, até que uma delas saia "naturalmente" do lote; é o dedo do Destino (trata-se de uma prática que ainda hoje existe na China): a vara assim diferenciada é o julgamento ou o sinal esperado, que basta interpretar. Essa resposta do Céu, outrora expressa em linguagem binária (sim-não), complicou-se e enriqueceu-se, portanto, com o correr do tempo na sua expressão escrita. A complexidade dos oráculos acabou exigindo uma obra especializada: trata-se do *Yi Jing* ("o Livro dos Oráculos" ou "o Livro das Mudanças") que contém o estudo, a análise, a interpretação e os comentários desses símbolos, inteiramente revisados na época de Confúcio (ao passo que o *Yi Jing* data das primeiras épocas chinesas). Pois os 8 trigramas originais foram combinados uns com os outros para se transformarem em 64 símbolos de 6 linhas cada um, os hexagramas.

Toda a realidade do mundo se acha inscrita no *Yi Jing*, o qual, mais que um livro de adivinhação, passou a ser, no transcurso dos séculos, um verdadeiro livro da sabedoria chinesa. Nele se encontram as três idéias fundamentais:

A noção da mudança contínua

Tudo, na criação, foi feita à imagem da água que corre. Nada pára jamais. Assim foi com o homem, cujo organismo todo está em perpétuo movimento e cujo corpo ainda não acabou de crescer quando começa a envelhecer. Faça o que fizer, o homem se inscreve no movimento do universo. Ele deve tomar tento disso e agir de acordo.

Tudo não passa de aparência

A imagem que temos do que chamamos de "realidade" é falsa. Construir a nossa existência em função dessa imagem é loucura. Com efeito, tudo existe diferentemente, num mundo paralelo, distinto daquele que imaginamos. Esse mundo está para além do nosso raio habitual de percepção. Somente o "Conhecimento" nos permite chegar a ele.

A noção da escolha

Ela é ambígua, porque teríamos antes a impressão, em vista do que precede, de que o homem está ligado a forças que o ultrapassam. O Yi Jing pretende, contudo, que só depende do homem estar ou não encadeado aos acontecimentos. Resta-lhe uma escolha. Compete a ele ajuizar da oportunidade de uma decisão que pode modificar o curso aparente da sua vida, ao mesmo tempo que o faz continuar seguindo o curso da "Via" autêntica.

Eis-nos chegados, portanto, ao âmago do problema. Que vale o homem nesse universo que gira sem ele? Que pode, que deve fazer para inscrever-se no movimento?

B) O HOMEM, ENTRE O CÉU E A TERRA...

A GRANDE TRÍADE TAOÍSTA

No universo organizado aparece o homem, na junção do céu e da terra. Mas a disposição arquitetônica do macrocosmo projeta-se sobre o microcosmo humano e o homem é um pouco de poeira da terra e um pouco de energia, que lhe vem do universo; da terra (energia *Yin*), ele haure a energia através da alimentação; do céu, tira a energia em forma de respiração. Céu-Homem-Terra, constituem o que se chama no sistema taoísta, a Grande Tríade. Céu e Terra são considerados como Espírito e Substância, que, unindo-se, criam um Terceiro, o Homem. Novo dado que nos permite aproximar-nos ainda mais do sentido da prática do Tai ji quan, que, mais do que o gesto, é o espírito do gesto: os 108 movimentos do Grande Encadeamento estão divididos em três grupos que se encadeiam harmoniosamente e se chamam igualmente Homem, Terra, Céu... correspondendo a três degraus da prática, dos quais trataremos mais adiante.

No vasto universo que gira a uma velocidade fantástica, o homem não passa de uma partícula infinitesimal, grão de poeira na multiplicidade da criação. Se não nos colocarmos em pensamento no ponto para o qual tende uma progressão sem atingi-la jamais, poderemos assistir à ronda dos seres e das coisas que vemos aparecer e desaparecer à nossa roda, mas o importante é o "motor" dessa fantástica "maquinaria", e este último nos escapa; ora, o único lugar que não está preso ao movimento giratório da Grande Roda Universal é o lugar perto do meio, imóvel, como o olho do ciclone. O homem não é mais que um móbil temporário regido pelas leis do universo. Seu corpo é um pedaço da Vida Universal e as energias que lhe governam a vida interior são as mesmas que circulam no cosmo. De certo modo, ele é um receptáculo dessas forças e as pulsações do seu coração são uma parcela da Energia Universal.

Todas as civilizações antigas adivinharam a relação estreita existente entre o corpo do homem e o mundo que o envolve; isso não é peculiar à China, mas foi provavelmente na China que, desde tempos imemoriais, mais se procurou chegar à essência do mistério. Percebeu-se que o homem também estava sujeito às leis do *Yin,* do *Yang* e dos Cinco Elementos; dessa maneira, as partes respectivas do *Yin* e do *Yang*, que todo indivíduo contém, são responsáveis pelas suas "estações", seus ritmos, seus impulsos, suas doenças. Ao nascer, o recém-nascido está repleto de *Yang,* que cresce até a maturidade; mas seu corpo contém igualmente uma parcela de *Yin,* que cresce à medida que a vida passa, acaba ultrapassando a parte de *Yang* e traz a velhice; esta é uma lei natural diante da qual ele deve curvar-se e, quando toma consciência dessa realidade, o homem já deu um primeiro passo à frente, rumo à libertação, rumo ao descobrimento de suas raízes, rumo ao "Conhecimento". Pois este último consiste simplesmente, se se pode dizê-lo, em harmonizar seu *Yin* e seu *Yang* com o *Yin* e o *Yang* do Céu, vale dizer, em reencontrar a Via da unidade com o *Dao;* é o sentido da expressão *"tian ren he yi"* ("o Céu e o Homem procedem da Unidade Primordial"). Realizando em si a harmonia dos grandes princípios do *Dao,* ele se torna o Sábio taoísta, o Homem Ideal confuciano, o Homem Perfeito, meta para a qual tendem todas as artes ditas marciais. O novo homem realiza o que o homem comum nunca realizou, pode o que este nunca pôde. Pois encontramos no "Livro dos Ritos": "O Céu e a Terra e o Homem desempenham, cada qual, um papel na criação: o Céu gera, a Terra nutre, o Homem executa."

Na prática do Tai ji quan cada gesto, cada deslocamento, cada componente físico e cada atitude mental estão impregnados dessa tomada de consciência e lembram que a eficácia real só virá se seguirmos intuitivamente (e não por uma tentativa da inteligência pura) as leis da natureza; o praticante deve esforçar-se por agir de perfeito acordo com a mutação perpétua que o envolve e habita, sistema cósmico no qual ele se fundirá. Se permanecesse inerte diante dessas leis, ou seguisse em sentido contrário, acabaria destruído. Todas as escolas da tendência nei jia (sistemas internos) das artes marciais chinesas deitam raízes nos postulados do Taoísmo; nessa ótica, o desenvolvimento do Tai ji quan pode ser considerado um verdadeiro ritual que coloca o praticante em contacto com "alguma coisa" intangível. Claro está que podemos praticar sem querer avançar por caminhos metafísicos, mas para os que aderem a eles, o Tai ji vem a ser um modo de desembocar num universo inteiramente novo.

Portanto, nenhuma agitação inútil e nociva. A verdade está lá, bem próxima, no próprio coração do homem. A eficácia reside na calma, na moderação, na flexibilidade: viver de acordo com a "Via da natureza". Praticar o Tai ji quan é fazer o silêncio em nós, ouvir o corpo, deixar subir do recôndito de nós mesmos a natureza verdadeira que habita em nós; sobretudo, nenhum bloqueio devido à vontade, ao esforço, ao pensamento discursivo: é mister aprender a "agir pelo não-agir".

WOU-WEI, O PRINCÍPIO DO NÃO-AGIR

Três princípios convergem nesse sentido: o do *wou-wei* (o "não-agir": nunca forçar nada para não contrariar, por gestos intempestivos, o ritmo natural das coisas; não fazer, mas deixar fazer-SE), o do *wang* (fazer o vazio em si, esquecer-se de si mesmo, a fim de ser mais receptivo), o do *tzu jan* (a eficácia do espontâneo, do imediato); todas essas noções estiveram, aliás, igualmente na origem de bases mentais semelhantes nas artes marciais japonesas.[1]

O *wou-wei* refere-se à não-ação, à não-ingerência, ao soltar a presa (o *wei* é uma ação que contraria o ritmo das coisas). Não é nem a indiferença nem o abandono, mas a busca do natural, da abertura do espírito, o desapego das coisas, e, mais longe, a tolerância, a flexibilidade, a abnegação do "eu" enquanto criador de ilusões, e, portanto, inimigo do verdadeiro. O *wou-wei* visa o estado sem desejo, a quietude, a serenidade, fator de realização. Um espírito agitado deforma a realidade e perde todo o domínio do corpo; o pensamento deve permanecer claro, não agitado por paixões perturbadoras; torna-se, então, perfeitamente receptivo aos fatos mais inesperados, e o corpo o segue. A ação que decorre dessa atitude é tão franca e natural que excede o alcance da ação comum, "vulgar", sempre precedida de hesitações. Essa ação é realmente eficaz porque está em conformidade com o *Dao*. Só a espontaneidade cria o movimento perfeito, que se inscreve então, fora de si, na harmonia do grande movimento celeste.

O *wou-wei*, por conseguinte, é a passividade criadora. Da não-ação surgem todas as potencialidades da ação; não fazer nada, por isso mesmo, é fazer tudo. O espírito do *wou-wei* está em toda a parte na China. Diz Kuo Ksiang: "Por *wou-wei* não se deve entender não fazer nada, senão deixar cada coisa fazer-se espontaneamente, de modo que fique de acordo com as leis naturais." E Lin Yu-tang: "É a arte de dominar as circunstâncias sem lhes opor resistência; o princípio de esquivar-nos de uma força que vem sobre nós de modo que não possa atingir-nos. Destarte, o que conhece as leis da vida, nunca se opõe aos acontecimentos; modifica-lhes o curso pela sua aceitação, pela sua integração, nunca pela recusa. Aceita todas as coisas até que, tendo-as assimilado, chega ao perfeito domínio delas."

Não-resistência, não-violência; deixar fluir à nossa volta a violência cujo objeto podemos ser; responder fazendo o vazio, como a água que cede à faca, mas permanece invulnerável. Compreender a arte do Tai ji quan, o que vai bem além da só perfeição física, é estar impregnado dessa visão chinesa do universo. Não nos pareceu inútil evocar-lhe os grandes princípios, pois é impossível evocar o Tai ji quan sem fazer caso desse fundo cultural indissociável, mas também nos moveu a esperança de suscitar uma

---

1. Veja *Karatê-do*, do mesmo autor, Edições Amphora.

curiosidade que poderia tornar-se o ponto de partida de uma fantástica experiência pessoal vivida. Visto que:

"Quando um homem está na mocidade,
Não compreende habitualmente o *Dao*.
E mesmo que ouça falar nele ou o conheça pelos livros,
Conserva reticências e não o pratica.
Quando chega a velhice vulnerável,
Ele vê então a importância do *Dao*
Mas é freqüentemente tarde demais
Pois a doença o impede de gozar dos seus benefícios."

(Soen Sse-mo em *"Receitas inestimáveis"*)

"Praticar o *Dao*", é ter a oportunidade de chegar um dia ao próprio coração do Taoísmo: a mística e o conhecimento esotérico, através dos exercícios de meditação e contemplação. Já não se disse também que o Tai ji quan era "a meditação na ação"? Não estamos tão longe do assunto quanto parece. Eis aqui um breve aclaramento desta última etapa, reservada a alguns iniciados e que só pode transmitir-se de mestre para discípulo.

nei   chia

A ESCOLA INTERIOR

Capítulo II

NEI TAN E QI GONG:
A VIA ESOTÉRICA

A acreditarmos na filosofia taoísta, é possível ao homem, que está a par de certos "mistérios", transformar seu mundo interior, desintegrar de certo modo o homem comum que ele é para fazer despontar o Homem Verdadeiro, espécie de renascimento do ser no interior de si mesmo, em virtude de um tipo de alquimia interna para cujas operações o seu próprio corpo seria um crisol perfeito.

A) A VIA DA ALQUIMIA INTERNA

O livro *Weisheng shenglixue mingzhi* [*Explicações sobre a filosofia e a higiene*], escrito por Zhao Bichen no início deste século, descreve exercícios taoístas praticados há séculos em todas as escolas de alquimia interna da escola Wu Liu.

Essas práticas visam uma verdadeira transmutação interior, como uma purificação, um polimento íntimo, que levaria o homem do estado de chumbo, característico da natureza inferior, ao brilho do ouro puro ou do diamante. É a "Grande Obra", a iluminação (correspondente ao *satori* japonês), a passagem da sombra para a luz, a vitória sobre a ignorância e o acesso ao Conhecimento, o elixir da longa vida. É, em suma, a busca da famosa Pedra Filosofal, que, mais tarde, tanto no Oriente como no Ocidente, degenerará sob a forma de uma alquimia que se contentava com a busca da transformação da matéria ou da imortalidade do corpo. Uma alquimia palpável, que interessava ao nível da massa. Mas *Nei tan,* a verdadeira busca antiga, situa-se num plano muito diferente.

NOÇÕES FUNDAMENTAIS DE FISIOLOGIA TAOÍSTA

A energia interna (qi)

O homem desenvolve, no curso de sua vida, dois tipos de energia: a que é a maneira de ser do próprio corpo, por intermédio dos músculos, que cresce e decresce muito depressa no correr dos anos, e uma não-visível, interna, que pode expressar-se inconsciente ou conscientemente na forma de poderes considerados pelos outros como sobrehumanos (dever-se-ia dizer mais: sobrenormais), como o fato de possuir dons de vidência, de enfeitiçar, etc. Não se chegava outrora a afirmar que o sábio taoísta Zhao Bing era capaz, agindo sobre sua respiração (que é a chave do problema, como veremos mais adiante), de poder baixar o nível dos cursos de água, tirar da água fervente toda possibilidade de queimar, impedir os cães de latir? É o segundo tipo de energia, que chamamos de *qi*, que nos interessa aqui. É o "sopro vital", dado a todo homem ao nascer, mas que poucos indivíduos conseguem desenvolver e dominar. *Qi* é prana em sânscrito, pneuma em grego, etc., e tem, na verdade, dois sentidos: o Espírito Cósmico Universal (a vida da natureza, o movimento da água e do vento, etc.) e a energia vital própria do homem; de fato, esta última procede de dois elementos: um cósmico e imaterial, e outro terrestre e material: "O verdadeiro *qi* é uma combinação do que se recebe do solo e do *qi* proveniente da água e da alimentação" (Ling Shu). Para os místicos taoístas, o *qi* reside também num conjunto de influxos invisíveis que percorrem a terra (as "veias do dragão"), donde a orientação dos movimentos do Tai ji (e, mais tarde, dos *katas* de origem do caratê) em relação aos pontos cardeais; mas o *qi* também reside nos órgãos genitais, que figuram entre as sedes mais importantes das forças primordiais do universo; os taoístas consideram a relação sexual um ato carregado de energia cósmica (porque a união dos contrários dá harmonia ao universo) razão pela qual se preconizam, nesse domínio, verdadeiras técnicas para não perder a energia sexual, mas sublimá-la e transformá-la, a fim de aumentar-lhe o potencial de *qi* e chegar à imortalidade.

O sopro interior (*qi*) produz duas formas de energia (*jin*): uma visível, porque se exterioriza em forma de calor, de magnetismo, de fluxos diversos (é *wei qi*) e outra totalmente imaterial, espécie de "substância" que circula no interior do corpo, através dos meridianos (veja mais adiante), que se acumula mais ou menos fortemente em um outro ponto (os pontos de acupuntura) em função das horas do dia, novo retorno ao princípio do ciclo diário (é *jin qi*). É a última forma de energia, o *qi* em movimento, que importa conhecer; é a vitalidade ritmada e não estática que a prática do Tai ji quan procura fazer subir do fundo de cada um para a maior eficácia do praticante, assim no plano interno (desenvolvimento do processo de alquimia interna) como no externo (desenvolvimento de uma eficácia natural e espontânea). Evocamos evidentemente essa forma de Tai ji quan, que o aparenta com a ioga, outra porta aberta para a pesquisa interior, e que nada tem que ver com a prática de efeitos simplesmente musculares ou terapêuticos. *Qi*, energia, nada tem que ver com *li*, força. Trata-se de uma noção quase espiritual: alcançar o Conhecimento é procurar o *qi* para além de suas manifestações físicas, que todavia existem: diz-se que um dos filhos de Yang Lu-chan, fundador do estilo de Tai ji atualmente mais difundido, Yang Jian-hou (1839-1917), chegava a deixar uma andorinha pousar-lhe na mão aberta e era então capaz de impedir o passarinho de voar, impedindo-o de sentir uma base sólida para o seu alçamento graças ao domínio perfeito do próprio *qi* em movimento.

Os campos de cinábrio (dantian)

Há três crisóis naturais localizados no corpo humano, através dos quais circula a energia, o que faz deles verdadeiros catalisadores da "transformação alquímica" do ser; são os campos (*tian*) de cinábrio (*dan*), este último sulfeto de mercúrio (material abundante no sul da China que se extraía de grutas na forma de pedra vermelha), considerado a matéria-prima da Pedra Filosofal. Alusão ao que podia ser a base, quer da elaboração

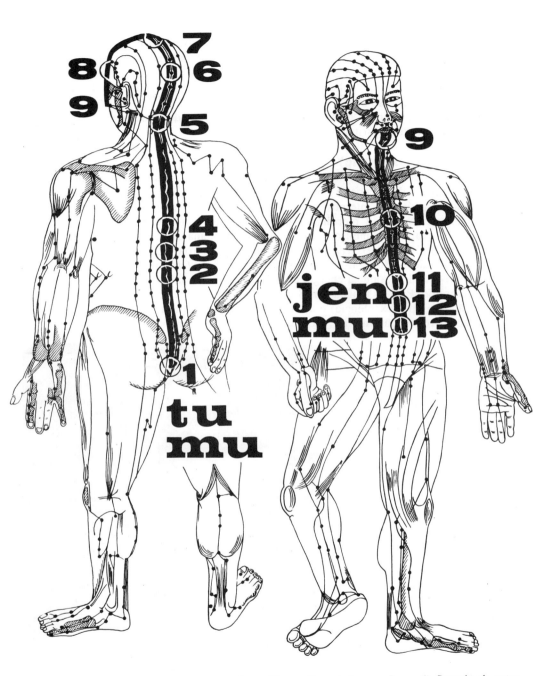

O percurso de gi, seguindo a Pequena Circulação (Tu mu: Du mai; Jen mu: Ren mai). Desenho do autor, extraído de Kung-fu, a epopéia da Mão de Ferro.

do ouro (na alquimia externa), quer da droga da imortalidade (na alquimia), o elo entre a imortalidade e a fabricação do ouro, estabelecido desde o século II a.C.

a) O crisol inferior: "o oceano da respiração" (*qi hai*) ou "a lagoa florida", alguns centímetros abaixo do umbigo, no ponto *dantian,* considerado centro vital e raiz do ser. Ali também se localiza a energia sexual.

b) O crisol médio: o "palácio escarlate" (*tan zhong*) ou "caldeirão de terra", um pouco acima do plexo solar.

c) O crisol superior: o "palácio do *niwan*" ou "a lagoa do lótus superior" (*zu qiao*), residência da energia espiritual.

Os meridianos (quing)

A medicina chinesa tradicional (acupuntura) localizou 12 linhas longitudinais (imateriais) que correm de uma parte a outra do eixo vertical do corpo, estando cada meridiano em relação com órgãos internos sobre os quais podemos agir por seu intermédio. É preciso acrescentar-lhes 8 meridianos ditos "curiosos" ou "extraordinários", independentes, 6 dos quais são simétricos, exceto a linha mediana dianteira (*Ren mai*) e a linha mediana traseira (*Du mai*). *Ren mai* é o "canal de controle" ou "vaso de concepção", onde a energia desce do lábio inferior ao ponto *dantian; Du mai* é o "canal de função" ou "vaso governador", onde a energia circula do cóccix ao lábio superior, passando pelo coruto do crânio. Para os taoístas, os 8 meridianos curiosos veiculam a energia ancestral (respiração *yang* por excelência) e a difundem por todo o organismo por intermédio da circulação da respiração interior, técnica particular que é preciso dominar.

O sr. Tadahiko Ohtsuka, diretor do Gojukensha, executando o Taïyokuken (igualmente nas páginas 100 e 133).

O DOMÍNIO DA RESPIRAÇÃO

Trata-se de juntar o *qi* esparso (em virtude da respiração abdominal) e de "propulsá-lo" através dos meridianos (técnica da Grande ou da Pequena Circulação); pois "um corpo sem essência e sem respiração parece uma lâmpada sem óleo".

A respiração abdominal

Chamam-lhe também respiração embrionária, por analogia com a do embrião e do recém-nascido, que respira "com o ventre": o Tai ji quan (o que prova, mais uma vez, sua estreita relação com as técnicas taoístas) repousa na respiração profunda, baixa, que permite melhor utilização do volume dos pulmões (maior jogo vertical do diafragma) ao mesmo tempo que aumenta a estabilidade do corpo e a calma do espírito. Na prática, o peito não deve levantar-se ao ritmo da respiração (como é o caso quando ocorre a respiração clássica, intercostal), mas é a região abdominal que se move como se contivesse um balão que se enche e esvazia, mas sem nunca esvaziar-se de todo. Dessa forma, o volume de ar agitado é muito mais importante do que por ocasião da respiração "alta", que, num ritmo normal, só utiliza a quarta parte do volume dos pulmões, ficando assim permanentemente estagnada grande quantidade de ar viciado. É mister respirar com o *dantian,* indo, no princípio, a ponto de visualizá-lo, forçando o diafragma na posição mais baixa possível (o que é fácil na expiração, porém mais difícil na inspiração).

Cumpre, aliás, dominar, de um extremo a outro, o movimento respiratório. O homem, de ordinário, respira inconscientemente. É preciso, ao contrário, que ele faça do respirar um ato voluntário. Até num plano estritamente físico, não é possível dominar um movimento técnico sem dominar a fase respiratória que o acompanha. Sabemos que o tempo de inspiração (fase preparatória de uma técnica) só permite uma ação fraca, ao passo que o tempo de expiração (fase executória de uma técnica), permitindo que se contraiam os músculos, autoriza uma ação forte. O que equivale a dizer que é necessário tomar cuidado para não respirar de qualquer maneira, mas sincronizar cada movimento com a fase respiratória correta; por exemplo, um arquejar rápido, não raro, é a marca de um desconhecimento dessa regra. Em Tai ji, cumpre inspirar e expirar regularmente pelo nariz.

A respiração invisível

É a que permite ao homem valer-se do poder cósmico do universo, e, nesse domínio, nenhuma descrição livresca pode bastar. Eis aqui, porém, os grandes princípios: com a participação do *Yi* (mental, espírito, intenção, olhar interior), envia-se, através do ponto *dantian,* a respiração a todo o corpo; essa respiração não deve vir dos ombros, do peito, senão partir da coluna vertebral, do sacro. Ela é dirigida pelo método da Pequena Circulação (subida da respiração pelo canal *Du mai* no momento da inspiração do cóccix até o topo do crânio, ponto *Tian Ling,* depois descida, no momento da expiração, por *Ren mai* até o palato) ou pelo método da Grande Circulação (o mesmo esquema, mas incorporando as pernas e os braços). Essa circulação pratica-se também nas posições estáticas (atitudes da meditação clássica, como o *zazen* japonês ou os ásanas hindus) tanto quanto nas formas dinâmicas (do tipo "meditação ativa", como o Tai ji quan ou o Ba duan jin). Só ela permite que se realizem as três etapas da "alquimia interna", que só mencionamos mais adiante para completar a apresentação das estreitas correlações entre o Tai ji quan e a cultura chinesa.

B) O CAMINHO PARA O HOMEM VERDADEIRO

AS TRÊS ETAPAS DA SUBLIMAÇÃO

Da essência à respiração interior (de Jin a Qi)

Nos rins reside uma essência chamada *jin,* que precede a essência seminal, o que explica a possibilidade, para os taoístas, de conservá-la pela abstinência sexual (ou, pelo menos, por práticas que permitam a retenção da essência). Concentrando-nos no campo do cinábrio inferior e combinando-a com o *qi* cósmico (pela respiração), "vaporizamos" a essência na respiração (*qi*).

Da respiração interior em potência espiritual (de Qi a Shen)

No cinábrio médio, sublima-se a respiração em energia espiritual. Já é o estágio do domínio.

Sublimação da energia espiritual e seu retorno à vacuidade (de Shen a Xu)

A etapa derradeira ocorre no cinábrio superior e desemboca no estado místico, na contemplação que leva à fusão na Vacuidade Original. É o domínio superior, etapa de um trabalho espiritual misterioso. É a identidade com o *Dao*.

Eis aí tudo o que é possível dizer (mas que é indispensável conhecer) da arte milenar do *Qi gong* (ou *Nei gong*), exercício (ou trabalho) da energia interior, conhecido tanto dos Taoístas quanto dos Budistas e de cujos segredos só privam os iniciados. Pelo menos para além de seus efeitos terapêuticos, hoje divulgados e provados, desde o estudo pela medicina moderna dos sistemas hormonais e endócrinos, a saber, harmonização da respiração e da circulação sangüínea, normalização do sistema nervoso, prevenção dos distúrbios cardíacos e digestivos (a ação particular do diafragma, pela respiração ventral, executa uma massagem estomacal e intestinal), regularização da tensão, etc. Na base, com efeito, o *Qi gong* é muito mais do que um método de saúde. Nos dois níveis, entretanto, sua marca ainda está no conjunto das artes marciais chinesas ou japonesas, e, em particular, no sistema interno (*Nei jia*). Assim é o Tai ji, onde tudo é lentidão, harmonia, redondez dos gestos e onde a alternância das técnicas reflete o ritmo eterno dos princípios complementares *Yin* e *Yang:* enquanto o *qi* circula livremente, uma flexão do corpo é seguida de uma extensão, uma rotação num sentido é seguida de outra em sentido contrário, empurramos e depois puxamos, etc. Desse modo, vísceras e grupos musculares são solicitados de acordo com uma ordem precisa e imutável, cujos efeitos podem ser puramente físicos ou esportivos, ou desembocam nesse fenômeno mágico que dá ao indivíduo uma dimensão nova e faz, primeiro que tudo, do Tai ji quan uma Via da realização do eu.

OS TRÊS DEGRAUS DO TAI JI QUAN

É bem essa dimensão que lembra a ordenação das técnicas do Grande Encadeamento em três grupos de movimentos, cada um dos quais comporta três níveis:

Primeiro o Homem (primeira parte do Tai ji)

O *qi* se põe em circulação; primeiro dos ombros aos dedos, depois do quadril à planta dos pés, finalmente das vértebras ao coruto do crânio.

Depois a Terra (segunda parte do Tai ji)

O *qi* penetra os ossos, a princípio entranhando-se no *dantian,* em seguida penetrando nos membros, e, por fim, difundindo-se por todo o corpo.

Finalmente o Céu (terceira parte do Tai ji)

É a última etapa, misteriosa, no curso da qual é preciso interpretar a energia, mas aqui as palavras desnorteiam mais do que esclarecem. Faz-se mister "sentir a energia", depois "compreendê-la" (intuitivamente) para, enfim, atingir a claridade espiritual, a fusão no Grande Todo, diluir-se no *Dao,* ser o *Dao* (Meng-zi, mais conhecido pelo nome de Mêncio, ou ainda Mo tzeu, escreveu: "Alimentar minha respiração cósmica, mais densa e mais pura, e misturar-me ao cosmo").

Tais são as raízes espirituais do conjunto do "sistema interno" chinês (*nei jia*), do Gong fu (*Wu shu*), cujo conhecimento, ou, pelo menos, cuja compreensão autêntica é um mínimo para que o praticante de Tai ji quan saiba que a "técnica" que ele pratica pode atingir a dimensão de uma arte e de uma Via espiritual. Cabe a ele situar o nível da sua prática.

CAPÍTULO III

O "BOXE DO PINÁCULO SUPREMO"

O aspecto esotérico do Tai ji subsiste até quando o seguimos de perto, e daí o sentido etimológico que lhe pode ser dado.

Tai   = muito grande, supremo, Grande Recipiente
Ji   = limite, pináculo
Quan = punho, ação, combate

Podemos encontrar, portanto, as seguintes interpretações: ação do Princípio Absoluto, punho final, boxe do Pináculo Supremo, punho do Grande Um, ação extrema muito grande, ação por excelência, etc. Percebe-se que a tradução, que às vezes é dada mas, felizmente, cada vez menos à proporção que o Ocidente descobre essa arte, "boxe contra a sombra" (importada dos Estados Unidos) é de uma pobreza inaceitável e, ainda por cima, ridícula, de tal modo peca por falta de informação elementar.

A) DAS ORIGENS AOS NOSSOS DIAS

AS TEORIAS

Como acontece com todas as artes marciais, a origem do Tai ji quan perde-se no chão da História, e, na ausência de documentos irrefutáveis, pois a oral foi a única tradição durante séculos, a genealogia da arte continuou maldefinida até o último século. Eis aqui as grandes teorias que continuam presentes:

— Os primeiros elementos remontariam aos primeiros séculos d.C. (mas já não se encontram, acaso, atitudes muito semelhantes nas estátuas de terracota descobertas no Shansi, perto do túmulo de Huang-ti, o primeiro Imperador da China, há 2.200 anos?). As bases se confundiriam então com os exercícios zoomórficos postos em funcionamento pelo célebre médico Hua to (*Wa Kin Hi*: técnica dos cinco animais, tigre, cervo, urso, macaco e grou) e talvez até com os aperfeiçoados por Bodhidharma (ou Da Mo), monge indiano considerado iniciador de uma nova corrente do Budismo, com o Chan (Zen, em japonês) e o primeiro da fila histórica da corrente exotérica das artes marciais (*Wai jia*), o boxe chinês do Shaolin, o célebre mosteiro de Honan, ponto de partida da diáspora dos estilos ditos "duros", em que se procuram a potência, a força e a eficácia em combate[1]. A interpenetração das técnicas de origem do Shaolin com as da chamada "ginástica taoísta" foi reconhecida mas, no que diz respeito ao Tai ji quan, os defensores dessa tese fazem provavelmente uma recuperação (os taoístas, por seu lado, se atribuem elementos puramente budistas...).

— O Tai ji quan viria da dinastia Tang (618-907), através de quatro escolas, a Hsu, a Yu, a Ch'eng, a Yin. É impossível saber.

— A fonte mais geralmente evocada é o eremita taoísta Chan San-feng, que teria vivido no século XIII na província do Hopei, na montanha Wu Tang. De acordo com a lenda, à vista do combate entre um grou e uma serpente, e ao constatar a derrota desta última, ele teve a idéia de criar o estilo de combate *Mu Tong Pai,* antepassado do Tai ji (ele talvez também tenha tido a revelação durante um sonho, em que lhe apareceu o próprio grande imperador Hsuan Wu...). A tradição das artes marciais fá-lo cabeça da corrente esotérica (*Nei jia*), dos estilos ditos "moles", em que se dá maior destaque à redondez, à flexibilidade, à busca interior.

— A busca é desconhecida, mas o desenvolvimento recente do Tai ji quan data de sua introdução no Honan por Wang Tsung-yueh, do qual só se sabe que foi nativo do Shensi e viveu sob a dinastia Ming (1368-1944). Ele teria notadamente transmitido a arte ao clã familial dos Chen, onde a teria aprendido Yang Lu-chan (ver mais adiante).

A HISTÓRIA RECENTE

Os traços são evidentemente mais nítidos a partir do último século, quando todos os especialistas do Tai ji quan concordam em dizer que a arte existia então no clã dos Chen, da aldeia de Chen Chia Kou, no Honan; essa família era então, de certo modo, a depositária exclusiva da arte, ensinada em segredo no quadro familiar restrito. Foi ali todavia que o Tai foi "roubado" por um jovem estrangeiro chamado Yang Lu-chan (1799-1872), que, tendo sido contratado como criado pela família, surpreendeu e espiou os treinos até que, um dia, foi admitido como discípulo, tão impressionado ficou o velho Chen Chang-hsing (1771-1853) com a sua vontade de aprender e sua habilidade em copiar em segredo. Yang pôde então estudar a arte durante vários anos antes de ensiná-la em Pequim, onde recebeu o apelido de "o invencível", à conta dos desafios e combates célebres de que saiu vencedor. Ele transmitiu a arte a seus filhos, Yang Pan-hou (1837-1892) e Yang Chien-hou (1839-1937), o qual, por sua vez, teve por filho Yang Chen-fu (1883-1936), considerado como o verdadeiro propagador do Tai ji quan através da China.

AS MODIFICAÇÕES

O primeiro a modificar a forma inicial do Tai ji foi Yang Lu-chan. A forma inicial, que ele estudara com Chen Chang-hsing, consistia em 5 séries básicas. Parece que, em Pequim, Yang só ensinou uma série: para insistir no fato de que era melhor saber bem do que saber muito, ou por ser aquela a única que lhe fora ensinada? Como quer que fosse, credita-se ao neto, Yang Chen-fu, uma inovação que nos chegou quase intacta: uma versão simplificada do Tai ji quan reduzido a 108 movimentos (número "mágico"

---

1 A respeito do histórico, assim como de todo o ramo externo do boxe, veja *Kung-fu,* do mesmo autor, nas Edições Amphora.

para os taoístas, que encontramos com freqüência; por exemplo, as 108 constelações do "Palácio das Estações"). Na realidade, só existem 38 técnicas com nomes diferentes, entre as quais 11, que, sob vocábulos diversos, se revelam muito semelhantes. O todo, portanto, pode ser reduzido a 27 técnicas realmente originais, visto que o resto não passa de repetições; entre elas somente 9 são executadas tanto à direita como à esquerda. O equívoco subsistirá provavelmente para sempre: os 108 movimentos, conhecidos hoje pelo nome de Escola Moderna (*Xin jia Tai ji quan*), serão uma compilação de Yang Chen-fu feita depois de 1912, quando Yang Lu-chan ensinava muito mais outrora, na que se chama a Velha Escola (*Lao jia Tai ji quan*) ou o ensinamento do velho Yang era nitidamente mais limitado do que o ensinamento usado outrora na família Chen? Ou as duas afirmações são exatas, tendo sido o Tai ji seriamente corroído com o tempo? Diz-se também que o próprio Yang Chen-fu dominava ainda as duas formas de Tai: a antiga, legada por seu avô (*Lao jia*), que ele só consentia em ensinar a alguns discípulos mais adiantados, e a que ele mesmo pôs a funcionar (*Xin jia*) para uma difusão melhor no mundo (menos complexa). É essa última, efetivamente, a mais conhecida, e a que apresentaremos neste manual (Grande Encadeamento).

Outras tentativas, menos sérias, caíram no esquecimento, e não merecem mais que uma menção. Assim a de Tsung Shu-ming, que pretendia, nos primórdios do regime nacionalista, ter recebido a sua arte da época Tang (!) e só ensinou 37 técnicas tomadas individualmente, compilação, decerto, pessoal, a partir das do estilo Yang. Em seguida, a compilação mais pesquisada de Chun Man-yi, discípulo de Wu Chien-chuan (1870-1942), o qual, por sua vez, fora discípulo do primeiro filho do velho Yang), e que data de 1919, portanto mais ou menos contemporânea da de Yang Lu-chan. Ele também observou que o Tai ji, árido e longo demais, não poderia popularizar-se na forma antiga. Criou, então, exercícios originais, introduzindo movimentos de ginástica ocidental e enaltecendo explicações científicas (foi ele, principalmente, quem fez uso do balão ou do bastão, a fim de explicar certos movimentos). Politicamente bem colocado, introduziu seus exercícios, em 1933, no programa dos professores chineses de educação física. O centro desse novo Tai ji foi Xangai, onde, em 1935, por ocasião de um grande certame nacional de atletismo, 5.000 crianças fizeram deles uma demonstração; em 1936, fez-se igualmente uma demonstração nos 11º Jogos Olímpicos em Berlim. Depois, à falta de apoio popular verdadeiro, esse Tai ji quan caiu rapidamente em desuso.

Em compensação, a Sociedade de Educação Física da China transpôs uma etapa decisiva ordenando, em 1956, que se reunisse em Pequim os especialistas de então para um seminário de estudos aprofundados da sua arte. Tomou-se por base o estilo mais popular, o Yang, mas contraíram-no em 24 formas maiores: é a chamada forma de Pequim, que apresentaremos igualmente neste livro (Pequeno Encadeamento). Foi esse Tai ji quan modificado que se tornou depois, a despeito de um eclipse temporário, mercê da Revolução cultural de 1967, a forma mais popular na República Popular da China, onde se pratica nas escolas, nas fábricas, nas fazendas, nos hospitais (foto 1, pág. 38).

Finalmente, experts mais ou menos conhecidos no mundo propõem igualmente versões modificadas do Tai ji: é o que acontece com Lee Ying-arng, de Hong Kong (seu estilo conserva apenas 58 movimentos dos 108 originais), Andrew Lum no Havaí, William C. Chen em Nova York...

Claro está que a erosão do tempo não poupou os nomes das técnicas, principalmente porque esses nomes, de um modo geral, foram transmitidos por "boxeadores", cuja maioria era analfabeta e porque eles não falavam os mesmos dialetos; é evidente que certas sutilezas nos termos nem sempre foram bem percebidas e que estes, às vezes, se transmitiram esvaziados do seu conteúdo real. Três exemplos bastarão para convencer o leitor: existe uma seqüência de movimentos chamada "*lan chieh hui*", que se traduz em geral por "agarrar a cauda do pássaro", ou, mais raramente, porém com mais precisão, por *"mexer-se como a cauda de um pássaro"* (que traduz melhor os movimentos das mãos praticados nessa seqüência); ora, *"lan chieh"* subentende uma idéia de intercepção e *"hui"* a de contra-atacar. Por outro lado, o movimento chamado " os braços em leque" pode também traduzir-se etimologicamente por "o raio atravessa as costas", duas traduções de relação pouco evidente entre si... Terceiro exemplo, o movimento "levar o tigre para a montanha": seria mais exato traduzir a expressão chinesa por "apertar o tigre e levá-lo à montanha", alusão ao movimento de flexão acompanhado de aperto entre as pernas, para dominar e repelir (a alusão ao tigre, animal selvagem, volta amiúde através do Tai ji quan, assim como, aliás, na mitologia taoísta).

FOTO 1

OS PRINCIPAIS ESTILOS

O estilo de Yang Chen-fu: o neto de Yang Lu-chan fez o trabalho de simplificação visto acima. É preciso, na realidade, distinguir o velho estilo Yang (*Lao jia*), ensinado em Taipei pelo sr. Wang Yen-nien, e o novo estilo Yang (*Xin jia*), o mais difundido no mundo, e para o qual dispomos de um conjunto (incompleto) de fotografias do mestre, assim como de um texto ditado a um de seus alunos; algumas fotografias foram tiradas quando Yang era adulto, outras quando já havia avançado mais na idade (é interessante, aliás, verificar nelas a evolução das atitudes de Yang com a idade; seu Tai ji, mais direto e mais duro no princípio, evoluiu para a redondez e a flexibilidade no fim). O estilo YANG é o mais conhecido fora da China Popular, na Europa e nos Estados Unidos, notadamente por intermédio de um livro célebre de Zheng Man-quing (Chen Man-ching), falecido em 1975, e de Da Liu.

O estilo de Wu Chien-chuan: seu criador foi Chuan-yuck (1834-1902), aluno de Yang Pan-hou, o primeiro filho de Yang Lu-chan. Mas desenvolveu-se sobretudo com o filho, Wu Chien-chuan (1870-1942). O estilo WU continua popular (é muito ativo no Brasil). Aproxima-se bem do estilo YANG, mas com movimentos mais curtos.

O estilo de Hao Wei-chen: criado por Hao Wei-chen (ou Kuo Wei-jin, 1849-1920), com movimentos ainda mais curtos e vivos.

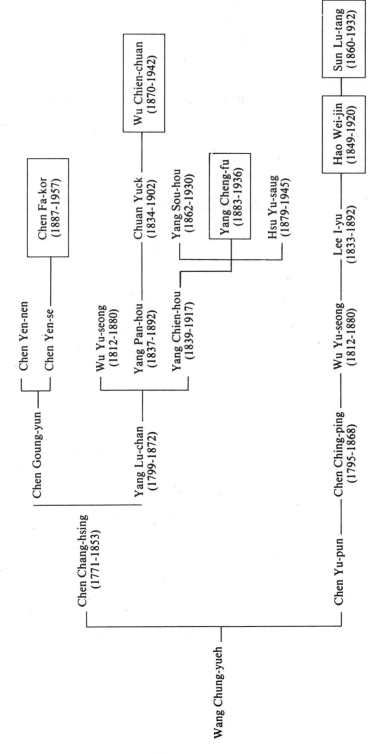

O estilo de Chen Chang-hsing: é o velho estilo, transmitido de geração a geração pelo clã Chen, e que se supõe seja a forma mais antiga, ensinada por Wang Chung-yueh. Praticamente desaparecido, o último de seus mestres importantes foi Chen Fa-kor (1887-1957), neto de Chen Chang-hsing (1771-1853). A forma nova da escola CHEN, estabelecida por Chen Ching-ping (ou Chen Jan-pei), não conheceu melhor sorte e também se diluiu.

O estilo de Sun Lu-tang (1860-1932): este, mestre das escolas Xing yi quan e Ba gua quan antes de estudar o Tai ji quan com Hao Wei-chen, fez dele uma síntese pessoal muito eficaz, mas pouco conhecida atualmente.

A forma de Pequim: data de 1956 e foi uma criação coletiva.

Note-se que o estilo que Kenichi Sawai desenvolveu no Japão sob o nome de "Taiki Ken" não é um estilo de Tai ji, mas uma forma de Xing yi quan.

B) TAI JI QUAN PARA TODOS

UMA ARTE MÚLTIPLA

Ter-se-ão compreendido, pela leitura dos dois primeiros capítulos deste livro, as diferentes direções do estudo do Tai ji quan. Rememoremo-las simplesmente:

Uma técnica de saúde: ela obriga à calma. Quando o espírito está calmo, pode fixar à vontade sua atenção e descobrir o funcionamento da máquina maravilhosa que é o corpo; o espírito envolve o corpo, controla-o, relaxa-o, e essa distensão benéfica chega às funções endócrinas, digestivas, circulatórias, nervosas. Percebe-se-lhe o interesse terapêutico, particularmente para o habitante da cidade; é a manutenção da saúde, que solicita tanto o corpo quanto o espírito. O Tai ji é interessante na perspectiva de uma medicina preventiva e, em certos casos, curativa. Sob esse aspecto, está perfeitamente integrado na vida cotidiana chinesa: é comum ver nos lugares públicos (parques, praças), ou nos tetos chatos das casas, homens, e homens de todas as idades, sacrificando sozinhos, ou em grupos, entre seis e oito horas da manhã, àquilo que se tornou para eles uma "técnica de longa vida". Reaprendendo a ser através do gesto mais insignificante, o Tai ji desenvolve uma sensibilização aguda do corpo. O espírito acaba ficando mais receptivo às forças internas que regem o corpo.

Uma técnica de combate: se bem não seja o aspecto mais evidente, existe sempre, e é destacado na *Lao jia* ensinada pelo sr. Wang Yen-nien; ainda que, visto por esse prisma, o Tai ji seja mais uma técnica de evasão que de ataque. É certo que, num nível muito alto, os movimentos podem ser facilmente adaptados às realidades de um combate. Mas não é evidentemente esse aspecto que mais motivará o principiante, o qual dispõe de uma panóplia de outras artes marciais mais rapidamente eficazes.

Uma tomada de consciência: talvez a motivação mais antiga da prática e a menos conspícua em nossos dias. O Tai ji pode ser um condicionamento do corpo e do espírito para alinhá-los de algum modo num "comprimento de onda cósmica" que lhes permitirá "vibrar com o Universo". Nesse caso, ele se aparenta com os outros métodos chineses, taoístas ou budistas, de busca da Imortalidade.

UMA TÉCNICA COMPLETA

O estudante do Tai ji quan abordará sucessivamente diversas etapas técnicas que o conduzirão à prática e à compreensão integrais da arte.

As bases: São a meditação (sentado, em posição de semilótus, ou de pé) e exercícios simples, destinados a aprender a respirar corretamente (respiração abdominal), a mobilizar o *qi*, a trabalhar o *yi*, a relaxar o corpo, a coordenar o mental e o físico. Acrescenta-se-lhes o *Shi san shi*, ou forma das 13 posturas, encadeamento básico que prefigura as verdadeiras seqüências do Tai ji (veja esses aspectos na terceira parte da obra).

Duan (seqüências de movimentos): nós nos movemos de acordo com os mesmos princípios dos exercícios básicos, mas em que o todo se desloca, numa seqüência ininterrupta de movimentos ligados. Pratica-se *Xin jia* numa única seqüência (*Pan jia zi*), ao passo que a *Lao jia* distingue três seqüências com dificuldades e tempos de execução crescentes. Os movimentos contidos nessas seqüências têm nomes que fazem referência a movimentos de animais, seja a posições do corpo, seja a movimentos de combate. A segunda parte da obra é inteiramente consagrada a esse aspecto.

Os três últimos aspectos do Tai ji quan não puderam ser versados neste livro, e nós os indicamos para que o leitor os memorize.

O tui shou (o "empurrar com as mãos" ou as "mãos coladas"): exercício praticado por uma pessoa só, ou por duas pessoas, constitui um estagio técnico mais elevado, muito pouco (ou mal) conhecido na Europa. O interesse, todavia, é evidente: tomando contacto com uma ou com as duas mãos do parceiro, procuramos fazê-lo perder o equilíbrio por meio de empurrões ou trações, sem golpes, sem o uso das pernas e sem chaves de braço, contornando e utilizando a própria energia. Requer-se, ao mesmo tempo, concentração, relaxação, *timing*. Cumpre guardar também o mesmo ritmo respiratório observado nas *duan*, lento e profundo, ao mesmo tempo que agimos mais depressa. Há o *tui shou* convencional, o *da lu* (execução a dois e em deslocamento de movimentos a serem executados nas quatro direções cardeais) e o *tui shou* livre; aprendendo a utilizar nele o *qi* (energia) em lugar da força (*li*) podemos chegar a praticar até uma idade muito avançada.

O san shou (o "dispersar as mãos"): última etapa, síntese de todas as qualidades desenvolvidas até então, combate livre que inclui as técnicas de *tui shou*, mas também todas as técnicas de projeção e de golpes desferidos (punho, lado externo da mão, pé, joelho, cotovelo, etc.). Utilizam-se essencialmente os deslocamentos circulares (e nisso o Tai ji se junta ao Ba gua), o que permite conceber as defesas somente em esquiva, pois os bloqueios são considerados tempos mortos, e, portanto, perigosos. O *san shou*, sobretudo defensivo, só se ensina aos estudantes adiantados. Mas é preciso saber que existe esse prolongamento de *duan*.

As técnicas anexas: trata-se da prática dos movimentos do Tai ji com armas ou instrumentos diversos, como a espada (*Tai ji jian*), o sabre (*Tai ji dao*), o bastão (*Tai ji gun*), o leque (cuja prática se vem desenvolvendo recentemente, sobretudo entre as mulheres, através das seqüências criadas por diferentes mestres, e cujos movimentos são particularmente estéticos).

C) AS BASES PRÁTICAS

REGRAS

Eis aqui alguns pontos elementares que precisamos vigiar permanentemente durante a prática do Tai ji quan executado por uma pessoa só (seqüências):

A atitude corporal: permaneça ereto, sem ser rígido, alinhando verticalmente o coruto do crânio e o cóccix. Sinta-se enraizado no solo. Não se curve nem se incline, a não ser em alguns movimentos particulares ("agulha no fundo do mar", "murro para baixo") em que o praticante precisa inclinar-se para a frente, mas conservando o eixo cabeça-costas. A postura da cabeça há de manter-se leve, como se estivesse suspensa por um fio (imagem do praticante que deve mover-se como um boneco de engonço); não contraia o pescoço nem os músculos do rosto sob o efeito da concentração. Recolha o queixo. Não estufe o peito, conserve as costas ligeiramente tensas. Relaxe as articulações, deixe cair ombros e cotovelos: é preciso que a energia circule livremente. Os joelhos estão sempre levemente flexionados, porém de um modo natural, como se a isso os obrigasse o peso do corpo. Afastem-se, portanto, todas as crispações. Deixe-se toda a força cair no ponto *dantian*. Mantenham-se as pernas flexíveis, até no curso dos pontapés, mas não se lhes sacrifique a estabilidade.

AS POSIÇÕES DO TAI JI QUAN:

1) *de flexão para a frente* (70% do peso sobre a perna que está na frente);
2) *base para trás* (70% do peso sobre a perna recuada). Duas variantes: só o calcanhar ou só a ponta do pé entra em contacto com o solo;
3) *do cavaleiro* (pés paralelos, calcanhares na mesma linha, peso sobre as duas pernas);
4) *de pé sobre uma perna*. Duas variantes: ponta do pé em contacto com o solo ou joelho erguido;
5) *agachado sobre uma perna*.

Nunca endureça as mãos. Acentue a dobragem dos punhos ao mesmo tempo que os mantêm flexíveis, conserve a palma das mãos levemente encurvadas, os dedos estendidos (nem afastados nem apertados) para que a energia possa expandir-se neles livremente, como se ela se irradiasse para além da ponta dos dedos. Tenha a sensação de uma grande sensibilidade à flor da pele. Quando a técnica se executa com o punho fechado, aperte os dedos sem crispá-los, vindo o polegar colocar-se naturalmente sobre as falanges médias do indicador e do médio.

Mantenha os quadris baixos, as nádegas côncavas. Na posição de flexão para a frente (veja os desenhos da pág. 42), o joelho da frente não ultrapassa os dedos do pé e a perna de trás permanece flexivelmente estendida (o joelho sempre um pouco dobrado).

A respiração: é baixa, natural, profunda. Inspire quando o corpo se distende, quando o gesto se abre, quando as mãos empurram para cima ou quando o pé golpeia. Expire quando o corpo se afunda, quando o movimento se fecha, ou quando as mãos empurram para baixo. Entretanto, nunca force num sentido ou no outro, e se, no começo, você respirar "em sentido contrário", não contrarie o que para você, naquele instante, é natural; a sincronização virá por si só com o tempo e uma compreensão melhor do movimento. Progressivamente, conscientize suas fases respiratórias e o movimento de energia interna (chegando, no princípio, até a visualizar). Respire lenta e regularmente, sem acelerações nem rupturas, pelo nariz, com a boca fechada, imperceptivelmente (uma inspiração que dure cerca de cinco pulsações cardíacas e uma expiração com a mesma duração).

O espírito: conserve o espírito claro, sereno, desperto. Preste atenção à menor alteração da postura do seu corpo, mas não se concentre a ponto de bloquear o pensamento. O olhar acompanha o gesto, na verdade às vezes o precede, e sempre o prolonga. Não disperse o olhar e não o force. Fique vigilante, pronto, cheio de potencialidade de ação. Esteja presente ao movimento. Escute o corpo. Tenha consciência da "energia espiritual dos olhos". No entanto, não fixe nada, nem direção alguma, com insistência, como se aquilo que você está fazendo não lhe dissesse respeito.

O movimento: "no repouso, seja calmo como a montanha. Em movimento, seja flexível como as ondas do mar" escreveu Wou Yi-chien. Da cintura, que funciona como o cubo de uma roda, jorra o movimento que se expande até os dedos. Mantenha-a flexível como um cipó. Sinta cada movimento ganhá-lo a partir da bacia: cabeça, braço, torso e pernas só devem mover-se depois. Quando você se mover, mova-se inteiro, harmoniosamente. Tudo é coordenado, simultâneo, compensado. Não acelere; encadeie com fluidez e à mesma velocidade. O fim de um movimento é sempre o começo do movimento seguinte. Não force o gesto, permaneça natural (nunca bloqueie as articulações no "fim" de um movimento, com o desejo de apoiá-lo), conserve a potencialidade da ação. Continue flexível, não faça nada com força, com energia sincopada. Aplique-se em cada gesto, "como se fosse a primeira vez". Sinta-se à vontade. Desloque o centro de gravidade de modo que fique sempre estável. Não precipite nada. Quando se deslocar, para a frente, para trás ou para os lados, quando se virar, respeite o princípio do pé "vazio" e do pé "cheio". Cheio (*yang*) quando o peso do corpo incide sobre ele, e vazio (*yin*) quando está livre do peso. Como o peso do corpo nunca é dividido igualmente entre os dois pés (salvo no princípio e no fim do exercício), o equilíbrio do centro de gravidade e a alternância vazio-cheio são contínuos. Aliás, cada movimento do Tai ji quan, em sua totalidade, é vazio ou cheio. Evite todo peso no passo, conserve a flexibilidade mas também a segurança do gato. Compense os deslocamentos do peso de uma perna para a outra por um balanceio harmonioso e flexível dos quadris, que lhe permitirá manter um equilíbrio perfeito a todo o momento. Nunca modifique a orientação de um pé sem ter deslocado previamente o peso para o pé oposto; gire sobre o calcanhar depois de ter erguido um pouco a ponta do pé. Quando avançar, entre em contacto primeiro com o calcanhar, depois com a planta, por fim com os dedos. Quando recuar, pouse primeiro a ponta, depois a planta, e, finalmente, o calcanhar. Quando levantar um pé, levante primeiro o calcanhar e deixe pender naturalmente os dedos (pontapé concentrado). Depois de ter "colocado" o seu peso, firme-se bem no solo com toda a abóbada plantar. Os desenhos da página 42 ilustram as principais posições das pernas no Tai ji quan.

CONSELHOS

— A técnica do Tai ji quan não necessita de nenhum material nem de nenhuma vestimenta específica. O importante é que não haja constrições ao nível da cintura ou do pescoço, que convém afrouxar. Habituado a arranjar sempre um traje particular que julga dever convir à prática esportiva chinesa, o ocidental espanta-se ao ver o pouco caso que os chineses fazem disso: seja ao ar livre, seja nos *wuguan* (ou *kwoon*: equivalente ao *dojô* no Japão, a sala em que os praticantes se adestram), o chinês pratica sem nenhum formalismo, de agasalho ou em traje de passeio, de sandálias, de sapatos ou descalço, de *short*, etc. Adote, portanto, a roupa mais cômoda sem procurar parecer-se com um estereótipo (que só existe por ocasião das demonstrações públicas...).
— Você pode praticar em qualquer lugar, sobre um solo firme, se dispuser de um espaço mínimo de 3 x 3m, deixando mais espaço à esquerda. Se tiver a oportunidade, pratique ao ar livre todas as vezes que for possível: parque, floresta, praia... Escolha, porém, um lugar calmo e pouco (ou melhor: não) freqüentado, a fim de não se arriscar a distrair-se. Se praticar dentro de casa, que o espaço seja bem arejado.
— O ideal é uma prática cotidiana, de manhãzinha ou ao crepúsculo.
— Seja paciente e perseverante. Você não aprenderá tudo imediatamente, ainda que seja bem-dotado. A eficácia está na moderação e na constância. Pouco de cada vez, porém regularmente. Mas que essa regra não se torne um constrangimento para você: nesse caso, dê um tempo e reinicie o treinamento quando o desejar profundamente outra vez. Não aja a contragosto.
— É evidente que a precisão do gesto é de importância fundamental, mas convém, no princípio, ter uma visão de conjunto de todo o movimento. Dar importância demasiada a todos os pormenores ao mesmo tempo seria arriscar-se a perder-se rapidamente. As próprias repetições corrigirão as técnicas e apurarão o gesto. É a atitude de conjunto que deve impregnar todo o corpo. Compete, aliás, a cada praticante encontrar o "seu" gesto perfeito, em função das possibilidades do próprio corpo.

FOTO 2. - *Num parque, em Taipei, o professor e sua aluna. Aplicação e precisão no gesto*

É que em cada desdobramento do Tai ji convém recriá-lo. O essencial é o espírito e o gesto permanecerem conformes: a harmonia pessoal virá com o tempo.

— Progrida lentamente e com seriedade. Uma imitação exterior do Tai ji quan é fácil, mas já não tem nenhum sentido. Diga a si mesmo que o que você faz só pode ser proveitoso para você. Disso resultará muito naturalmente uma grande segurança: a que se procura em todas as artes marciais, mas da qual nos afastamos amiúde em razão do hábito que elas nos incutem de querermos situar-nos em relação aos outros.

— Esqueça-se no movimento, seja você a técnica.

— Sinta-se, modestamente, sempre principiante. Afaste a auto-satisfação e a inquietude: trabalhe com total desapego do resultado.

— Se o seu Tai ji foi corretamente executado, você deve sentir-se melhor do que no começo.

— O conjunto da seqüência deveria tomar de 15 a 25 minutos. Não se apresse nem se demore.

— É possível, no início, fracionar o encadeamento, até no interior das três grandes partes Terra-Homem-Céu, pois a memorização é difícil. Entretanto, para não se arriscar, em seguida, a bloqueios no desenvolvimento harmonioso do Tai ji quan, não fracione o estudo em séries demasiado curtas.

— Simplesmente pratique. Não intelectualize o que faz. Esse conhecimento só pode vir depois. Do contrário, você bloqueará seu progresso. Diga a si mesmo que existe um ensinamento profundo que só pode ser oral; se você puder beneficiar-se com os conselhos de um mestre, não hesite; é impossível compreender tudo sozinho: portanto, não tente fazê-lo.

— Um desenho ou um texto só podem dar muito imperfeitamente o sentido de um movimento; aliás, um movimento nunca é duas vezes exatamente igual. Como circunscrever um Tai ji vivo sem cair no peso enciclopédico e rebarbativo da descrição? O texto que acompanha as estampas desenhadas deste livro foi, portanto, limitado ao essencial, e fica defronte dos desenhos correspondentes. Quanto à imagem, ela só pode dar, por definição, instantâneos do movimento, congelado para a comodidade da observação (personagens desenhados em tamanho natural e emoldurados). Não se atarde demasiado; apegue-se sobretudo a ler o filme da ação (pequenos personagens).

— As interpretações das técnicas de combate não nos pareceram necessárias. E, no início, o interesse da coisa não é evidente, visto não ser essa a motivação primeira do principiante do Tai ji quan. Mas elas existem; você encontrará algumas muito simplesmente e desde o início; outras se esclarecerão com o tempo.

— O número dos movimentos do Grande Encadeamento (*Pan jia zi*) varia amiúde em função dos mestres e das escolas: na verdade, a numeração das técnicas se revela muito artificial e sua divisão em seqüências, algumas muito longas, outras tão curtas quanto a própria técnica, nem sempre racional. Isso não é muito importante. Entretanto, para não desorientar o leitor, que já possui outros documentos sobre o Tai ji quan, decidimos indicar, para o desenvolvimento do Grande Encadeamento, *ao mesmo tempo, a tradicional sucessão dos 108 movimentos e a das 85 seqüências,* que são outra maneira de agrupar as técnicas levando em conta suas repetições. Uma forma de conciliar os dois tipos de ensino do Tai ji quan, hoje coexistentes na Europa.

ALGUNS PRECEITOS DOS MESTRES

"O corpo é um todo cujos elementos se movem em harmonia; não deve haver nele a menor falha."

"Ande como um gato."

"Tenha nos movimentos a lentidão da nuvem que se esgarça ao vento do outono."

"Execute os exercícios como se desenrolasse o fio de um bicho-da-seda."

"Seja tão leve que, ao pousar em você, nem mesmo um minúsculo passarinho possa alçar vôo, nem uma mosca saiba aterrar."

"Um erro de alguns centímetros pode ser uma falta de várias léguas."

(Preceitos que dizem respeito ao Tai ji, atribuídos a Wang Chung Yueh, do século XVIII.)

FOTO 3. - *Prática do leque*

"A mobilidade da sua energia deve ser tão flexível quanto o aço mais puro, de sorte que nenhuma resistência lhe seja possível."

"Aja com a agilidade do falcão, que apanha a lebre, e com a presteza do gato, que apanha o rato."

"Para o que é curvo, ande em linha reta."

"Pela extrema doçura, atingir a força extrema."

FOTO 4. - *"Ande como um gato"*

"Primeiro junte, depois relaxe."

"Todas as partes do corpo devem estar ligadas entre si como pérolas enfiadas num cordão."

"Os defeitos devem ser procurados na cintura e nas pernas."

"Se você quiser ir para o alto, seu pensamento deve, ao mesmo tempo, ir para baixo. É assim que se faz quando se trata de deslocar um objeto arraigado no chão. Para deslocá-lo é preciso primeiro quebrar-lhe a raiz, ou seja, liberar-lhe o centro de gravidade."

(Wou Yi-chien, 1812-1880)

FOTO 5. - *As pernas são as raízes do corpo e os quadris, o cubo da roda ("mover as mãos como nuvens")*

"Quatro onças de força bastam para arremessar um bloco de 1.000 libras."

(Provérbio taoísta)

FOTO 6. - Tai ji jian (espada do Taiji), em grupo, no Parque Novo de Taipei (Taiwan)

FOTOS 7 e 8. - *O sr. Lin Wen-xiong em Tai ji gun (bastão)*

FOTOS 9 e 10. - *Tai ji jian (espada)*

TAI JI QUAN

AS SEQÜÊNCIAS DOS MOVIMENTOS

2

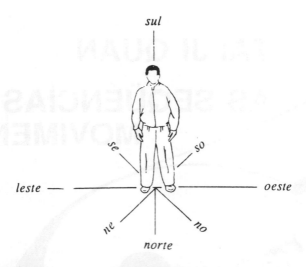

CONVENÇÕES ADOTADAS PARA A NUMERAÇÃO DAS ESTAMPAS

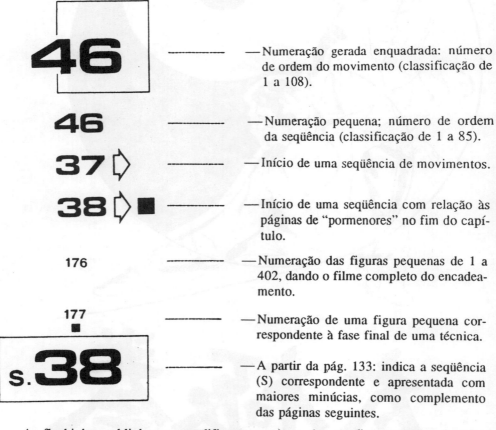

—Numeração gerada enquadrada: número de ordem do movimento (classificação de 1 a 108).

—Numeração pequena; número de ordem da seqüência (classificação de 1 a 85).

—Início de uma seqüência de movimentos.

—Início de uma seqüência com relação às páginas de "pormenores" no fim do capítulo.

—Numeração das figuras pequenas de 1 a 402, dando o filme completo do encadeamento.

—Numeração de uma figura pequena correspondente à fase final de uma técnica.

—A partir da pág. 133: indica a seqüência (S) correspondente e apresentada com maiores minúcias, como complemento das páginas seguintes.

As flechinhas sublinham as modificações maiores de uma figura pequena à outra. Indica-se igualmente o eixo do movimento.

CAPÍTULO I

O GRANDE ENCADEAMENTO
(Yang jia Tai ji quan)

I) A TERRA

SEQÜÊNCIA 1: PREPARAÇÃO (yu bei shi)

Tempo 1

Você está de pé, com as pontas dos pés separadas, o corpo ereto e os braços pendentes naturalmente dos lados [1]. Flexione levemente os joelhos; em seguida, com o tronco sempre vertical, coloque todo o seu peso sobre o pé direito a fim de poder deslocar, sem desequilíbrio e com um movimento lateral, o pé esquerdo para a esquerda e os dedos do pé direito para a frente. Transfira imediatamente o seu peso para o pé esquerdo e coloque o pé direito paralelamente ao esquerdo, com os dedos para a frente, girando sobre o calcanhar. Os pés estão agora paralelos, separados por uma distância igual à da largura dos ombros. O peso do corpo reparte-se harmoniosamente entre os dois pés. Os braços pendem ao longo do corpo. Os dedos estão ligeiramente dobrados, sem rigidez. O olhar fixa o horizonte. Respire naturalmente pelo nariz, com a boca fechada, a língua tocando o palato. Não aperte os lábios. Mantendo o corpo perfeitamente estável e descontraído, o espírito calmo, porém desperto, você está preparado [2].

SEQÜÊNCIA 2: ABERTURA (qi shi)

Tempo 2

Erga lenta e naturalmente os braços sem contrair as articulações, ao mesmo tempo que inspira. Os ombros permanecem baixos, os cotovelos, levemente dobrados, apontam para o chão, as palmas das mãos estão viradas para baixo, as mãos afastadas uma da outra a uma distância igual à da largura dos ombros [3]. É preciso que você sinta as mãos erguerem-se, como se flutuassem à superfície de uma água que sobe até a altura dos ombros. Os punhos continuam flexíveis.

Deixe cair devagar os cotovelos, depois os antebraços, em sentido exatamente contrário, as palmas das mãos sempre viradas para o chão, como folhas que se destacam suavemente de uma árvore, acompanhando o movimento com uma leve compressão no nível dos joelhos (quase invisível). As mãos retomam sua posição de um lado e de outro do corpo, com as palmas dirigidas para trás, os dedos abertos naturalmente e sem contração [4]. O oco das palmas está ligeiramente côncavo, os pulsos levemente dobrados (dizemos "sentados"), os dedos um pouco erguidos em relação à parte posterior das mãos, a fim de facilitar a circulação da energia.

Como em todos os movimentos do Tai ji, as duas fases desse tempo, primeiro ascendente e depois descendente, devem seguir-se à mesma velocidade, muito devagar, harmoniosamente, sem choques e sem nenhuma interrupção.

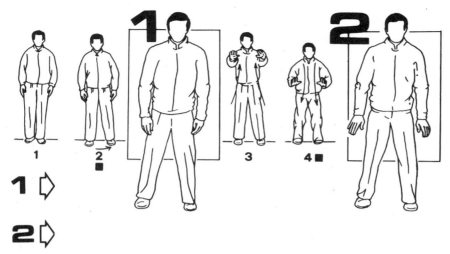

FOTO 11. - *Alguns praticantes acentuam mais o movimento descendente do corpo, que acompanha o das mãos*

SEQÜÊNCIA 3: AGARRAR A CAUDA DO PÁSSARO (Ian que wei)

Esta seqüência, composta de cinco movimentos, volta cinco vezes no curso do encadeamento do Grande Tai ji. Contém em si mesma todos os princípios básicos (trabalho da postura, equilíbrio do corpo, deslocamento); chamam-lhe, não raro, o "pequeno Tai ji". Compõe-se de uma parada dupla, à esquerda depois à direita (ação *"pen"*), de uma tração para trás (*"lu"*) e de dois empurrões para a frente (ações *"ji"* e *"an"*).

Tempo 3 ("pen": aparar à esquerda)

O peso do corpo desloca-se para a perna esquerda, cujo joelho se dobra, ao mesmo tempo que você gira sobre o calcanhar direito para a direita. Todo o corpo se abre para o Leste, a mão direita se estende nessa direção. O olhar a acompanha [5].

Desloque imediatamente o peso do corpo para o pé direito, joelho dobrado, e aproxime o pé esquerdo do tornozelo direito, ao passo que você torna a levar o olhar para a frente (Norte). A mão esquerda vem para diante do ventre, com a palma virada para o céu, ao passo que a mão direita inicia um deslocamento para a frente, mas sobre um mesmo plano horizontal [6].

Prosseguindo nesse movimento, a mão direita vem toda para a frente, com os dedos dirigidos para o Norte, a palma virada para o chão, acima da mão esquerda, que continua com a palma virada para o céu (como se você segurasse uma bola ao nível do flanco direito). Dê um passo para o Norte com o pé esquerdo, acionando primeiro o calcanhar [7].

Aplique progressivamente o peso do corpo no pé esquerdo, ao mesmo tempo que movimenta as mãos em sentido inverso: a direita vai para trás, ao nível da coxa direita, com a palma virada para trás e os dedos levemente erguidos para a frente (Norte), ao passo que a esquerda se eleva diante do corpo, para a frente e um pouco para a esquerda, ficando o antebraço sensivelmente horizontal, até a altura do queixo, e acima do joelho esquerdo. O cotovelo está dobrado, o ombro está baixo, a palma da mão está virada para você [8]. Durante o deslocamento, olhe para a distância entre as mãos, e, a seguir, siga a esquerda com o olhar. Procure não se inclinar para a frente. No fim do movimento, quando os quadris tiverem acabado de virar à esquerda, a ponta do pé direito volta-se um pouco para a frente (Nordeste).

N.B. *a figura hachurada mostra o estágio final visto de perfil.*

A título comparativo, indicamos igualmente aqui acima uma *variante desse tempo*, preferida por certos estilos, e que consiste em dar o passo do pé esquerdo não francamente para o Norte (o executante tem cabelos negros) mas para o Nordeste (o executante tem cabelos brancos e os algarismos dos tempos 6 e 8 correspondentes estão dentro de um círculo). Nesse caso, a posição do pé direito é a mesma desde o tempo 5 e não se modifica no fim do movimento. Os movimentos da cabeça e das mãos são idênticos.

Veja igualmente em relação ao conjunto da seqüência 3, as duas estampas S 3, às págs. 134 e 135.

Tempo 4 ("pen": aparar à direita)

Leve todo o peso do corpo para o pé esquerdo e conduza o pé direito para a frente (Norte), ao nível do tornozelo esquerdo. Ao mesmo tempo, a mão esquerda volta um pouco para trás, virando a palma para baixo, ao passo que a mão direita volta para a frente do abdome, com a palma orientada para o alto (de novo como se você segurasse uma bola diante do corpo). Os olhos seguem, a princípio, o movimento do cotovelo esquerdo para trás, depois sobre a mão direita [9]. Note que, se você executou a variante do tempo 3, passa mais diretamente para a fase 10, após um simples giro do pé esquerdo para o Leste (figura 9, executante de cabelos brancos).

Dê um passo com o pé direito para o Leste, acionando primeiro o calcanhar, com a sensação de estar empurrando a "bola" segura por suas mãos para o Leste e para o alto; o olhar dirige-se horizontalmente para Leste [10].

Aplique progressivamente 70% do peso do corpo no pé direito, acentuando o movimento precedente das mãos: o antebraço direito torna a subir para o alto e ligeiramente para a direita (com uma curta rotação dos quadris para a direita), ficando o cotovelo mais baixo do que a mão cuja palma está voltada para você. Acompanhe a ação (parada da mão direita) da mão esquerda que, com o braço dobrado e a palma da mão para a frente, empurra na mesma direção. Os dedos da mão esquerda chegam à altura do ombro, mas o cotovelo esquerdo permanece mais baixo do que o punho direito. O olhar pousa sobre a mão direita [11]. Não se incline e não empurre com o ombro direito.

Tempo 5 ("lü": puxar para trás)

Transfira o peso do corpo para a perna esquerda e abra um pouco a bacia à esquerda (Norte) ao mesmo tempo que as mãos efetuam uma rotação no sentido anti-horário: a direita vira para dentro, sua palma se orienta para baixo (pronação) enquanto a esquerda vira para fora, o que leva a respectiva palma para o alto (supinação), como se você fizesse girar a "bola". Ao mesmo tempo que giram, as mãos puxam para trás, mantendo a mesma distância uma da outra. A ação das mãos e a retração do corpo sobre a perna esquerda, que se dobra, são simultâneas [12 e 13].

O movimento precedente se acentua, o torso vira ainda mais de frente para o Norte. A mão direita vem para o nível do peitoral esquerdo e a esquerda sobe de novo para trás, ao nível do ombro [14]. Em certas formas de execução o movimento das mãos é de menor amplitude, e a mão esquerda não vai além do peitoral (veja essa forma em S 3). Os olhos pousam, primeiro, sobre a mão direita e depois sobre a esquerda, no final do movimento.

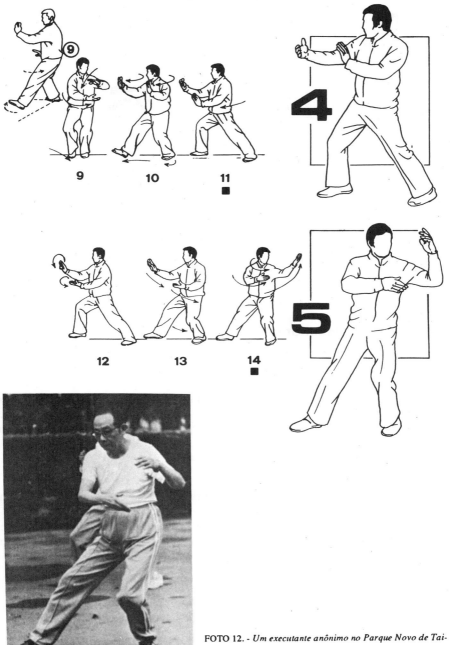

FOTO 12. - *Um executante anônimo no Parque Novo de Taipei, entre as fases 5 e 6*

Tempo 6 ("ji": empurrar para a frente)

Vire o torso para Leste, deslocando de novo o peso do corpo para a perna direita [15]. Ao mesmo tempo, a mão direita empurra horizontalmente diante do peito, com a palma virada para você, o cotovelo mais baixo do que o punho, ao passo que a mão esquerda empurra na mesma direção, com a palma virada para a frente, os dedos no interior do punho direito mas sem tocá-lo [16]. Não se enrijeça e não se incline. Os cotovelos ficam um pouco mais baixos do que os punhos. Os olhos pousam sobre a mão direita.

Tempo 7 ("an": repelir)

a) Vire a mão direita para baixo e cruze a palma esquerda por cima [17]. Com as palmas viradas para baixo, separe as mãos numa distância pouco inferior à largura dos ombros. Flexione os cotovelos [18] e torne a levar o seu peso para a perna esquerda, que se dobra. As mãos recuam até ficar diante do peito [19]. O recuo pode fazer-se até se erguer a ponta do pé da frente.

Veja igualmente, em relação ao conjunto da seqüência 3, as estampas S 3, págs. 134 e 135.

FOTO 13. - *O olhar continua horizontal à sua frente, os ombros permanecem flexíveis, os cotovelos não se afastam para fora. É o torso que recua, levando os braços consigo*

b) Empurre as mãos para a frente e levemente para o alto, repassando o peso do corpo para o pé direito. Os punhos voltam a subir até a altura dos ombros, as palmas das mãos continuam viradas para a frente, os cotovelos estão semidobrados [20] e [21]. Empurre a bacia na direção do movimento, mas sem fazer força.

SEQÜÊNCIA 4: CHICOTE SIMPLES (dan bian)

Este movimento reapareceu dez vezes no curso do encadeamento. Executa-se com um movimento de balancim de todo o corpo, no decurso do qual é preciso conservar um equilíbrio perfeito e sincronizar a ação das mãos.

Tempo 8

Desloque o centro de gravidade para o pé esquerdo, erguendo a ponta do pé direito e virando a cintura para o Norte [22]. Quando o seu peso estiver inteiramente sobre o pé esquerdo, vire a ponta do pé direito para Noroeste, encostando toda a planta do pé no chão; as mãos chegaram de todo à sua esquerda (Oeste), tendo sido a esquerda seguida pelo olhar [23].

Torne a deslocar o centro de gravidade para o pé direito, ao passo que as mãos descrevem um semicírculo, que as leva de novo para a direita (Leste); a mão esquerda desce diante do abdome, a direita volta a subir até o nível do ombro direito. O olhar fita a mão direita [24].

O seu peso está inteiramente sobre o pé direito. Leve outra vez o pé esquerdo para junto dele, despegando-o levemente do chão, ao passo que a mão esquerda sobe de novo ao nível da clavícula direita (palma virada para você) e a mão direita se fecha, com os dedos reunidos e apontados para baixo ("mão feito bico de águia" ou "mão pendente"). A atenção visual continua concentrada na mão direita [25].

Dê um passo com o pé esquerdo para o Oeste, pousando primeiro o calcanhar, depois desloque progressivamente o centro de gravidade nessa direção. Simultaneamente, abra o braço esquerdo, descrevendo com a mão esquerda um arco de círculo num plano horizontal, de trás para a frente; no transcorrer desse deslocamento, a mão vira de modo que a palma fica na direção do Oeste, à altura do ombro esquerdo e perpendicular ao joelho esquerdo. O braço direito não se mexeu, estendido em direção contrária, com o punho dobrado à altura do ombro direito. Os olhos se dirigiram progressivamente para Oeste, para além da mão esquerda [26].

N.B. *A figura hachurada mostra o estágio final visto de frente.*

Veja igualmente, em relação à seqüência 4, a estampa S 4, pág. 136.

A "mão em gancho": os dedos estão reunidos sem rigidez, a modo de pinça, virados para baixo, o punho arredondado.

FOTO 14. - *Tchang T'ien-che, o Mestre Celeste, chefe supremo dos Taoístas, eremita médico que teria vivido no século I. É representado cavalgando (e, portanto, domando) o tigre, empunhando a espada (a força) e segurando a taça de medicamentos. A referência ao tigre é habitual no Taoísmo, visto que o sábio mantém excelentes relações com os animais selvagens. Veja também o início da segunda parte do Tai ji quan.*

FOTO 15: *O sr. Wang Yen Nien (veja na terceira parte da obra) executando o "chicote simples" (seqüência 4). O movimento das mãos deve ser simultâneo e harmônico com o giro da cintura. O corpo permanece bem direito. Os ombros não devem levantar-se e os cotovelos, semidobrados, apontam para baixo. A ponta dos dedos da mão direita fica perpendicular ao pé direito, ao passo que a mão esquerda está acima do pé esquerdo. Note a intensidade do olhar que precede o movimento da mão esquerda. Entretanto, não se observa nenhuma crispação ao nível dos músculos do rosto.*

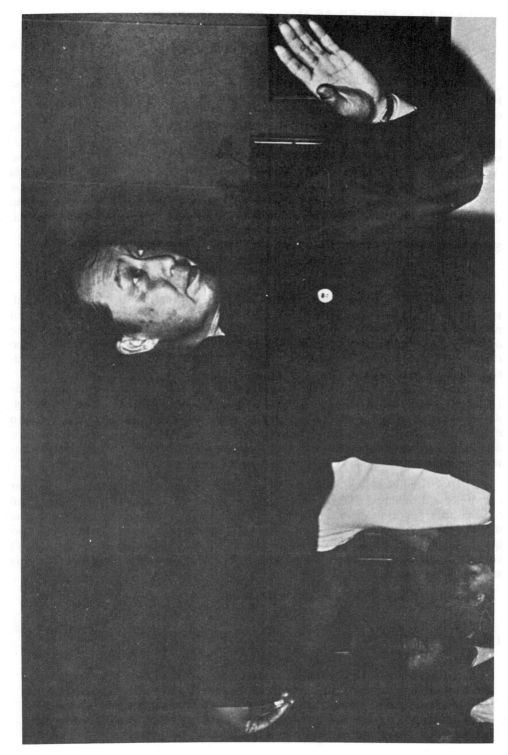

FOTO 15

SEQÜÊNCIA 5: ERGUER AS MÃOS (tishou shangshi)

Tempo 9

Fazendo o seu peso incidir outra vez sobre a perna direita, vire a ponta do pé esquerdo, num ângulo de 45°, para dentro (ou seja, para Noroeste) ao mesmo tempo que torna a levar a mão esquerda na mesma direção. Os olhos a acompanham [27]. Transfira o peso para a perna esquerda [28].

Dê um passo com o pé direito para o Norte e pouse o calcanhar no chão mantendo levantada a ponta do pé [29]. Simultaneamente, coloque as mãos abertas à sua frente, reaproximando-as até ficarem a uma distância uma da outra igual à largura dos ombros. As palmas ficam defronte uma da outra, os cotovelos estão dobrados. A mão direita chega à altura do ombro, ao passo que a esquerda fica à altura do cotovelo direito. Os dois cotovelos apontam para baixo. A perna direita está estendida, o joelho esquerdo dobrado [30]. O olhar mantém-se horizontal, frente ao Norte, e vai além da mão direita.

SEQÜÊNCIA 6: O GROU BRANCO ESTENDE AS ASAS (bai he liang chi)

Tempo 10

a) 10 a: Esta ação precede o movimento propriamente dito do "grou", do qual, todavia, se distingue. É a ação *"ho shou kao"* (onde encontramos *"shou"*, golpear com o cotovelo, e *"kao"* empurrar com o ombro ou com o antebraço, ao mesmo tempo que o praticante se inclina para a frente). Gire um pouco para a esquerda, trazendo de novo o pé direito para junto do esquerdo, com a ponta roçando o chão; as mãos caem naturalmente ao longo da coxa esquerda [31].

Dê um passo com o pé direito para Noroeste, mas só pouse no chão o calcanhar [32]; em seguida, leve o peso do corpo para esse pé [33]. A palma da mão esquerda vem de baixo para cima a fim de empurrar para a frente, ao passo que o antebraço direito empurra na direção do joelho direito, com a palma virada para você. O ombro direito avança um pouco para a frente. A mão esquerda desce até o interior do antebraço direito para apoiar o movimento.

b) 10 b: Continuando a avançar para Noroeste, o pé esquerdo se libera e vem pousar com a ponta dirigida para Oeste, na linha do calcanhar direito. Somente os dedos do pé tocam o solo; os joelhos permanecem um pouco flectidos, com o peso incidindo na perna direita [36]. A palma da mão direita levanta-se para chegar acima da cabeça, ao passo que a esquerda se abaixa até o quadril esquerdo, com a palma virada para baixo. O cotovelo esquerdo está um pouco dobrado. Os olhos acompanham a mão direita e depois se dirigem para Oeste.

N.B. *A figura hachurada mostra o estágio final visto de frente.*

Veja igualmente, em relação às seqüências 5 e 6, as estampas S 5 e S 6, às págs. 136 e 137.

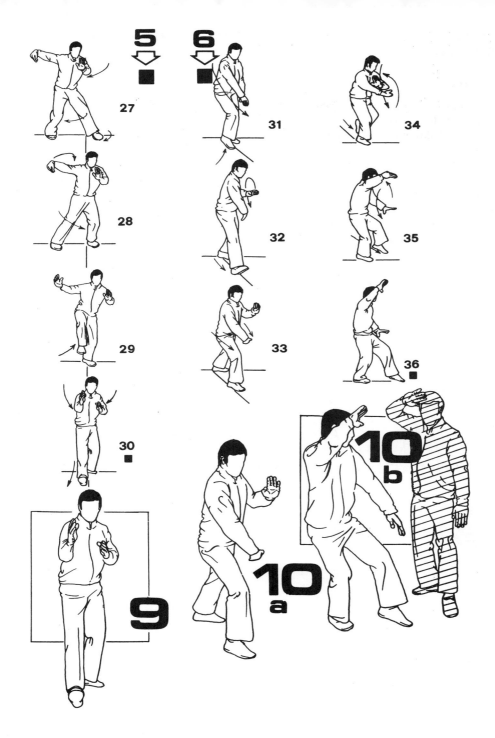

SEQÜÊNCIA 7: DAR UM PASSO À FRENTE E BATER NO JOELHO ESQUERDO (lou xi ao bu)

Tempo 11

Sem se mexer, vire um pouco o busto para a direita e deixe cair o ombro direito; o cotovelo direito o acompanha, provocando uma rotação do antebraço direito, indo a palma da mão para o alto. A mão esquerda torna a subir para a direita [37]. Puxe o braço direito para trás, o cotovelo passando ao longo do corpo [38]; siga a mão direita com o olhar até a altura da orelha direita [39]; ao mesmo tempo, erga o pé esquerdo.

Dê um passo com o pé esquerdo para Oeste, acionando primeiro o calcanhar, depois desloque o centro de gravidade nessa direção, girando a bacia para a esquerda. Ao mesmo tempo, a mão direita avança para a frente, passando perto da orelha, e a mão esquerda passa diante do abdome, como se fosse uma vassoura, de dentro para fora, passando por cima do joelho esquerdo sem tocá-lo [40]. Mantenha a perna de trás um pouco dobrada, de modo que conserve o tronco vertical. Os olhos seguem o avanço da mão esquerda, depois continuam horizontalmente para a frente.

Veja igualmente S 7, logo abaixo, ilustrando esse movimento de frente e S 7, à pág. 137.

SEQÜÊNCIA 8: TOCAR GUITARRA (PIPA) (shou hui pipa)

Tempo 12

Continue a empurrar com a mão direita inclinando-se muito levemente para a frente (na direção do Oeste) e faça incidir todo o seu peso sobre o pé esquerdo, liberando o direito, que vem, dando um meio passo, na direção do calcanhar esquerdo [41].

Como o centro de gravidade passa para a perna direita, vire um pouco o corpo para a direita e avance com um passo pequeno do pé esquerdo, sem levantá-lo, mas deixando

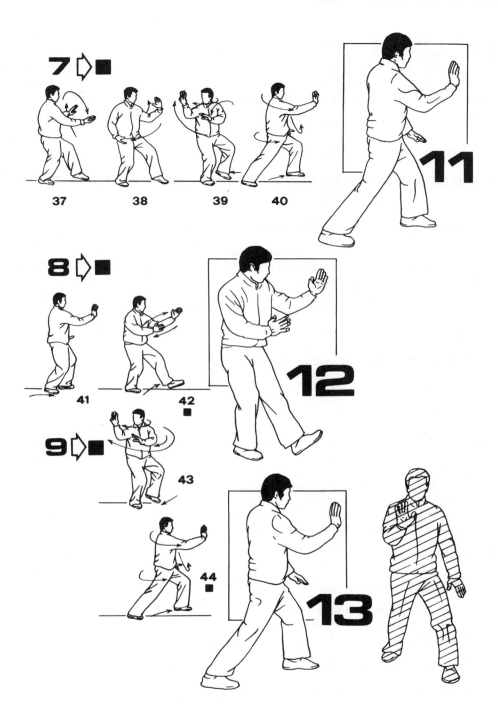

somente o calcanhar tocar o chão e os dedos levantados. Ao mesmo tempo, a mão esquerda volta a subir para a frente, desenhando uma curva, e se detém com a ponta dos dedos à altura dos olhos, ao passo que a direita volta para trás. As palmas das mãos se defrontam, a direita no nível do cotovelo esquerdo, sem tocá-lo. O olhar continua reto à sua frente, na direção do Oeste [42]. A posição é semelhante à do tempo 9.

N.B. *"Pipa" é um instrumento musical chinês.*

Veja igualmente, em relação à seqüência 8, a estampa S 8, à pág. 138.

SEQÜÊNCIA 9: POR TRÊS VEZES DAR UM PASSO À FRENTE E BATER NO JOELHO (lou xi ao bu)

Tempo 13: bater no joelho esquerdo

Vire o busto para a direita e deixe cair a mão direita, que, com a palma virada para o alto, passa para trás, seguida do olhar; a mão esquerda vem no mesmo sentido até a altura do peitoral direito, com a palma virada para o chão [43]. O peso do corpo passa para a perna direita; levante o pé esquerdo (*idem* 39). Volte a dar um passo para Oeste com o pé esquerdo, avançando com a mão direita e batendo com a mão esquerda (44 = *idem* 40).

N.B. *A figura hachurada mostra de frente o estágio final dos tempos 11, 13 e 15.*

Tempo 14: bater no joelho direito

Efetua-se avançando para Oeste o movimento inverso do tempo anterior. Levante a ponta do pé esquerdo, deslocando o peso do corpo para a perna direita, e gire sobre o calcanhar num ângulo de 45° para a esquerda [45].

A seguir, voltando o centro de gravidade para o pé esquerdo, dê um passo com o direito [46,47], acionando primeiro o calcanhar. No transcurso desse deslocamento, as mãos, descrevendo um arco de círculo, vêm para trás, à esquerda (a palma da mão esquerda sobe até o nível da orelha esquerda; a mão direita, com a palma virada para cima, vem ficar diante do plexo). O olhar detém-se sobre a mão esquerda.

Quando você pousar o pé direito e fincá-lo solidamente no chão, vire um pouco a cintura para a direita e avance a mão esquerda à sua frente, à altura do peito (o braço fica um pouco dobrado) ao passo que você "bate" no joelho direito com a mão direita, de dentro para fora [48]. Os olhos acompanham a batida da mão direita e depois se dirigem horizontalmente para a frente.

Tempo 15: bater no joelho esquerdo

Refazemos, avançando para o Oeste, o mesmo movimento levado a efeito no tempo 13, a saber, o contrário do movimento anterior. Os desenhos de 49 a 52 são simétricos dos desenhos de 45 a 48 e permitem o estudo dos pormenores da seqüência.

Veja igualmente, em relação à seqüência 9, a estampa S 9, à pág. 138.

SEQÜÊNCIA 10: TOCAR GUITARRA (PIPA) (shou hui pipa)

Tempo 16

Avance meio passo com o pé direito para o Oeste e repita o tempo 12 (repetição da seqüência 8).

SEQÜÊNCIA 11: DAR UM PASSO À FRENTE E BATER NO JOELHO ESQUERDO (lou xi ao bu)

Tempo 17

Avance um passo com o pé esquerdo para o Oeste e repita o tempo 13 (repetição da seqüência 9, primeiro terço).

SEQÜÊNCIA 12: DAR UM PASSO À FRENTE, DESVIAR PARA BAIXO, APARAR E GOLPEAR COM O PUNHO (jin bu ban lan chui)

Tempo 18

Gire sobre o calcanhar do pé esquerdo num ângulo de 45° para fora virando a cintura para esquerda. Ao mesmo tempo, a mão direita, seguida pelo olhar, se fecha em punho, o qual, descrevendo uma curva, vai para trás, ao nível do quadril esquerdo, com as falanges para baixo. A palma da mão esquerda vai também um pouco para trás, à esquerda [57]. Os olhos seguem o punho direito.

Desloque o centro de gravidade para a perna esquerda e avance obliquamente o pé direito, com a ponta dirigida para Noroeste, acionando primeiro o calcanhar. Simultaneamente, o punho direito descreve um arco de círculo vertical de trás para a frente, passando diante do peito e parando à altura do ombro (as falanges, durante a passagem, viram-se para o alto), ao passo que a palma da mão esquerda torna a subir até a altura do ombro esquerdo [58]. Os olhos fitam o punho direito. Esta é a ação de "desviar para baixo" do punho direito.

Tempo 19

Vire a cintura para a direita e puxe o punho direito para o quadril direito, ao passo que a mão esquerda, seguida pelo olhar, vai para a frente, com a palma defronte do Norte e os dedos apontados para o alto, com o braço quase estendido. A ação oposta das mãos prossegue e se amplia um pouco enquanto você avança com o pé esquerdo, acionando primeiro o calcanhar [59]. Esta é a ação de "aparar" da palma da mão esquerda.

Desloque o centro de gravidade para o pé esquerdo e faça a flexão para a frente com a perna esquerda. Vire o busto para a esquerda e avance o punho direito para a frente (punho vertical, com o dedo mínimo dirigido para o solo) ao mesmo tempo que você traz de volta a mão esquerda para trás, ao nível do cotovelo ou do punho direito (mas sem tocá-los), com a palma da mão virada para o Norte e os dedos voltados para cima. O olhar permanece dirigido para Oeste [60]. Esta é a ação de "golpear" com o punho direito.

N.B. *A figura hachurada mostra o estágio final, visto de frente. Essa mesma seqüência, que volta mais adiante, na direção oposta, é igualmente ilustrada pelos desenhos de 113 a 116 (seqüência 25) que permitem completar a descrição do movimento.*

Veja igualmente, em relação à seqüência 12, a estampa S 12, à pág. 139.

É essencial, para o conjunto da seqüência, que retorna em diversas ocasiões no desenvolvimento do Tai ji, a perfeita sincronização dos movimentos das mãos e do deslocamento dos pés, o todo a uma velocidade igual, sem força e sem choques. Diligencie, sobretudo no tempo 18, não inclinar o tronco. Feche o punho direito mas não o aperte (veja igualmente as estampas S 25 e S 36).

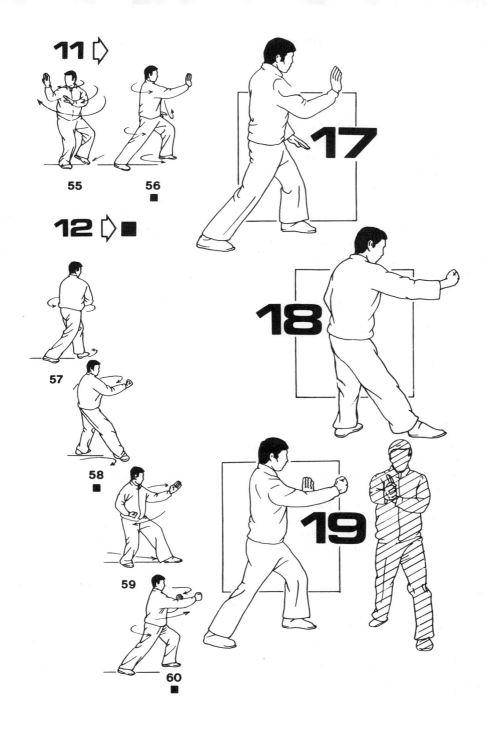

SEQÜÊNCIA 13: TRAGA DE VOLTA E AVANCE (FECHAMENTO APAREN-TE) (ru feng si bi)

Tempo 20

Ao mesmo tempo que você flexiona progressivamente a perna direita, faça deslizar a mão esquerda, com a palma virada para cima, por baixo do antebraço direito [61]. O punho direito se abre.

A mão esquerda descreve um curto arco de círculo debaixo do antebraço direito e afasta-se para a esquerda, voltando a ficar com a palma virada para o chão, ao passo que a mão direita, com a palma virada igualmente para o chão, vai também para trás. As mãos se acham agora afastadas uma da outra a uma distância igual à da largura do peito, os cotovelos, dobrados, apontam para o chão, e o centro de gravidade se transfere completamente para o pé direito, até fazer levantar-se a ponta do pé esquerdo [62].

Flexione de novo, lentamente, a perna esquerda à frente e empurre com as duas mãos, ficando o oco das palmas dirigido obliquamente para o chão. Os olhos continuam fitos no Oeste [64].

Veja igualmente, em relação à seqüência 13, a estampa S 13 à pág. 139.

SEQÜÊNCIA 14: CRUZAR AS MÃOS (shi zi shou)

Tempo 21

Transfira o peso do corpo para o pé direito e vire o busto para a direita (Norte), liberando, dessa maneira, o pé esquerdo, que gira sobre o calcanhar, com a ponta dirigida para dentro (para o Norte). Simultaneamente, os cotovelos se flexionam ainda mais e as mãos, com os polegares afastados, voltam-se igualmente para o Norte. A mão direita, seguida pelo olhar, descreve um arco de círculo para trás, à direita, na direção do Leste, passando à altura da testa [65]. O corpo se abre completamente para o Norte e as mãos estão bem afastadas de um lado e do outro do busto, ao mesmo tempo que, sobre a perna direita, incide todo o peso do corpo e o pé esquerdo assenta naturalmente no chão, com a ponta virada para o Norte [66].

O peso do corpo se desloca lateralmente para a perna esquerda, ao passo que as mãos, sempre olhando para o Norte, descem em semicírculos e a cabeça volta-se para o Norte [67]. Levanta-se o calcanhar direito, depois se levanta o conjunto do pé direito, paralelamente ao pé esquerdo, e se coloca a uma distância deste último equivalente à largura dos ombros. Simultaneamente, as mãos prosseguem em seu movimento circular para tornar a subir e cruzar-se diante do peito, a uns vinte centímetros à frente do plexo, com as palmas viradas para dentro (a mão direita na frente). O peso do corpo repartiu-se igualmente pelas duas pernas, que se distendem um pouco para o alto, mas os joelhos continuam flectidos. Você olha para o Norte, com o busto reto, o corpo flexível [68].

N.B. *Estas 14 seqüências constituem o primeiro grupo de movimentos. Podemos concluir endireitando-nos lentamente e afastando as mãos para retomar a posição inicial [1]. O Grande Tai ji, todavia, prossegue diretamente com o segundo grupo de movimentos.*

II) O HOMEM

SEQÜÊNCIA 15: ACOSSAR O TIGRE E TRAZÊ-LO DE VOLTA À MONTA-NHA (bao hu gui chan)

Tempo 22

O pé esquerdo gira sobre o calcanhar para a direita, enquanto a palma da mão esquerda se eleva, descrevendo um arco de círculo para a esquerda até a altura do ombro esquerdo, seguida do olhar, ao passo que o cotovelo direito cai, trazendo de volta a palma da mão esquerda, virada para o chão, ao nível do abdome [69].

Vire o corpo para a direita e, levando todo o seu peso para a perna esquerda, erga o pé direito, com o joelho flexionado. Dê um passo para Sudeste e faça uma flexão na frente sobre o pé direito nessa direção (o tronco defronta com o Sudeste). Simultaneamente, a mão direita descreve um arco de círculo para fora, batendo no joelho direito, ao mesmo tempo que a mão esquerda, passando diante da orelha esquerda, empurra para a frente [70]. É a repetição do tempo 14, cuja descrição deverá ser relida, mas na direção Sudeste.

Tempo 23

A continuação do movimento é a repetição da seqüência 3, "agarrar a cauda do pássaro" (a: *pen;* b: *lü;* c: *ji;* d: *an*), cujas formas se repetem na direção do Sudeste.

Observe a passagem de 70 para 71: voltando o peso do corpo lentamente para a perna esquerda, vire um pouco o busto para a esquerda e aja como se tivesse nas mãos uma bola, à sua frente, e a afastasse para o lado esquerdo, fazendo-a girar sobre si mesma. Depois de 70, a mão direita se volta com a palma virada para o alto e vem para a frente, ao passo que a mão esquerda, igualmente com a palma virada para o alto, se retira; concluindo o movimento para a frente, a mão esquerda gira de novo, com a palma voltada para baixo [71]. Como se você tivesse uma bola, que joga, acentuando a flexão do joelho esquerdo [72].

Veja igualmente, em relação à seqüência 15, a estampa S 15 à pág. 140.

SEQÜÊNCIA 16: PUNHO DEBAIXO DO COTOVELO (zhoudi chui)

Tempo 24: chicote simples em diagonal

É a repetição da seqüência 4, mas a direção aqui é diferente (peito orientado para o Norte) e a mão direita não se fecha. Depois que todo o peso do corpo tiver se deslocado para a perna direita [78], vire o corpo para a esquerda (o busto voltado para o Norte) e avance o pé esquerdo para Oeste, com a ponta bem voltada para fora. Durante o giro, a mão esquerda descreve uma curva horizontal da direita para a esquerda, seguida do olhar, e termina diante do Oeste [79]. Os cotovelos permanecem dobrados.

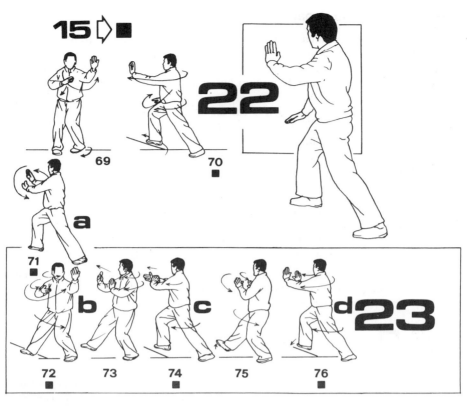
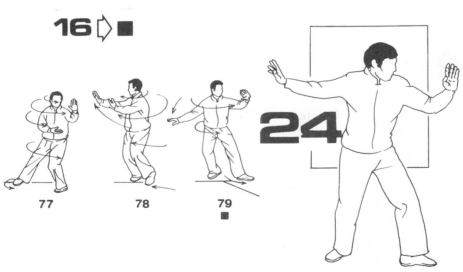

77

Tempo 25: Punho debaixo do cotovelo

Enquanto o corpo continua a girar para a esquerda, passe todo o peso do corpo para o pé esquerdo, e dê um passozinho com o pé direito, o que leva este último a ficar ao nível do esquerdo, porém com a ponta orientada para Noroeste. Durante o deslocamento, a mão direita descreve um arco de círculo horizontal da direita para a esquerda, com a palma voltada para Oeste [80].

Equilibre-se no pé direito e faça o calcanhar do pé esquerdo deslizar meio passo para a frente, com a ponta levantada, na direção do Oeste. Simultaneamente, a mão esquerda descreve um arcozinho de círculo, que a faz subir pelo interior do antebraço direito (ela "fura" para cima); ela se detém, com a palma virada para o Norte, a ponta do dedo indicador à altura do nariz. Os olhos seguem a mão esquerda. Nesse mesmo tempo, a mão direita se fecha progressivamente e o punho vem colocar-se debaixo do cotovelo esquerdo (sem tocá-lo), com o polegar voltado para cima [81].

A sincronização dos movimentos no correr desse deslocamento duplo é particularmente delicada. Avance sem trancos, permanecendo muito flexível, com um movimento de balancim de todo o corpo. Principalmente, não contraia os ombros. Observe também que os tempos 24 e 25 estão muito ligados, a ponto de certas escolas não distinguirem o "chicote simples".

Veja igualmente, em relação à seqüência 16, a estampa S 16, à pág. 141, como também o que segue em relação à segunda parte da seqüência ("punho debaixo do cotovelo").

SEQÜÊNCIA 17: POR TRÊS VEZES, RECUAR E REPELIR O MACACO (dao nian hou)

Tempo 26 a: à direita

Abra a mão direita e leve-a para trás, com a palma virada para o céu, num movimento circular que a leva de baixo para cima ao nível da orelha direita; simultaneamente, baixe um pouco a mão esquerda, cuja palma se volta para o alto, ao mesmo tempo que você desloca todo o peso do corpo para a perna direita [82, 83].

Assim deslastrado, o pé esquerdo se ergue e dá um passo para trás, na direção do Leste [84], acionando primeiro a ponta do pé. Gire, então, para a esquerda e empurre a mão direita para a frente (Oeste), passando diante da orelha direita, ao mesmo tempo que retira a mão esquerda, vindo o punho para o nível do quadril esquerdo, com a palma olhando para o alto. Durante essa passagem, e desde que o pé esquerdo ancorou solidamente no solo, gire a ponta do pé direito para dentro. O olhar se dirige para Oeste [85]. Não bloqueie o cotovelo direito.

Tempo 26 b: à esquerda

O gesto arredonda-se imediatamente: a mão esquerda sobe outra vez para trás, ao nível da orelha esquerda, ao passo que a mão direita se volta com a palma para o alto e torna a subir até a altura do ombro [86].

Dê um passo para trás com o pé direito, depois de haver levantado o joelho, bem equilibrado sobre a perna esquerda; em seguida, aja como anteriormente com as mãos, porém em sentido contrário: a esquerda empurra para a frente, ao passo que a direita vem para o quadril direito [88]. Vire a ponta do pé esquerdo para a frente. É a atitude inversa do tempo precedente.

Tempo 26 c: à direita

Recue novamente com o pé esquerdo e refaça o tempo 26 a.

N.B. *Pode-se repetir esse movimento 3, 5 ou 7 vezes: o número deve sempre ficar ímpar, de modo que você possa terminar com o pé direito à frente; é preciso também reproduzir o mesmo número de passos 3, 5 ou 7, na seqüência 28, "movimentar as mãos qual uma nuvem".*

Recue em linha, os joelhos constantemente flectidos. Mantenha o corpo vertical.

Veja igualmente, em relação à seqüência 17, a estampa S 17 à pág. 142.

SEQÜÊNCIA 18: VÔO EM DIAGONAL (xie fei shi)

Tempo 27

Com o peso do corpo inteiramente transferido para a perna esquerda, leve a ponta do pé direito meio passo para trás e à direita do calcanhar esquerdo. Simultaneamente, a mão esquerda se abaixa, com a palma virada para o chão, diante do peitoral esquerdo, e a mão direita, com a palma virada para cima, vem por baixo até o nível do quadril esquerdo, como se você segurasse uma bola contra o peito [93]. O olhar concentra-se na mão direita. Vire o corpo para a direita, e, apoiando-se no pé direito, gire sobre o calcanhar do pé esquerdo a fim de trazer-lhe a ponta na direção Noroeste. O peso do corpo retorna imediatamente ao pé esquerdo, liberando o direito. Erga um pouco o joelho direito e dê um passo com o pé direito na direção Noroeste, passando progressivamente à frente flexionado. Ao mesmo tempo, a mão direita sobe obliquamente para Noroeste, até o nível da testa, com a palma virada para você, na vertical do joelho direito, ao passo que a mão esquerda, com a palma virada para baixo, depois para trás, desce ao longo da perna esquerda, sem tocá-la [95]. O olhar segue o movimento da mão direita. Leve a totalidade de seu peso para a perna direita, com o joelho bem dobrado.

Veja igualmente, em relação à seqüência 18, a estampa S 18, à pág. 143.

SEQÜÊNCIA 19: ERGUER AS MÃOS (ti shou shangshi)

Tempo 28

Desequilibrado para a frente no fim do movimento anterior, erga o joelho esquerdo, mas sem levá-lo para a frente, com o pé esquerdo decolando do solo. Recoloque imediatamente o pé esquerdo, à distância de um pé, mais perto do pé direito, sempre sobre o mesmo eixo orientado para Nordeste [96]. Traga o peso de novo para o pé esquerdo, bem firme no solo, e, virando a cintura para a esquerda, erga o joelho direito [97] para dar um passozinho escorregado na direção do Norte, quando só o calcanhar toca o chão,

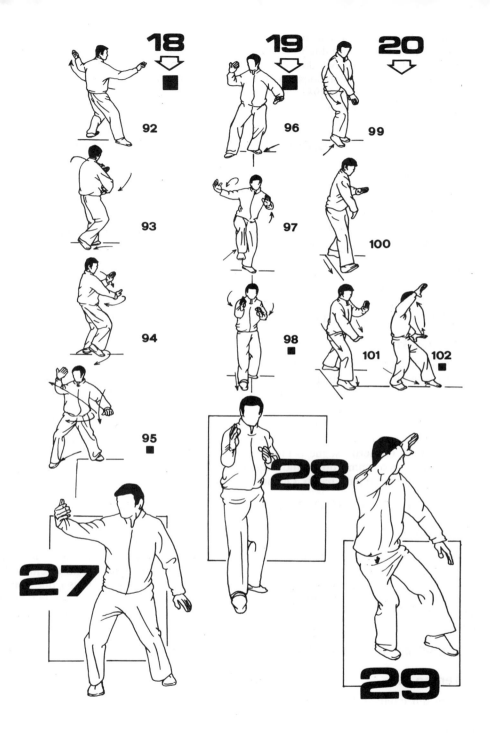

e a ponta se levanta. Simultaneamente, puxe a mão direita para junto de si, com a ponta dos dedos à altura do ombro direito e a palma olhando para o Oeste, e torne a elevar a mão esquerda para deixá-la ao nível do cotovelo direito (sem contacto), com a palma virada para Leste. Os cotovelos estão dobrados e o olhar dirige-se para o Norte, depois de haver seguido o movimento da mão direita [98]. A posição final, por conseguinte, é a mesma que a do tempo 9 (é igualmente a posição simétrica do tempo 12, "toque a guitarra").

Veja igualmente, em relação à seqüência 19, a estampa S 19 à pág. 143.

SEQÜÊNCIA 20: A CEGONHA ESTENDE AS ASAS (bai he liang shi)

Tempo 29

Repita a seqüência 6, distinguindo a ação *"ho shou kao"* (99-101) do movimento do grou [102].

SEQÜÊNCIA 21: DAR UM PASSO À FRENTE E BATER NO JOELHO ESQUERDO (lou xi ao bu)

Tempo 30

Repita a seqüência 7.

SEQÜÊNCIA 22: A AGULHA NO FUNDO DO MAR (hai di zhen)

Tempo 31

Dê um passozinho com o pé direito na direção do esquerdo, mas sem atingi-lo, enquanto a mão direita vem para a horizontal, com a palma virada para o chão [107]. Torne a levar o peso do corpo para o pé direito e traga de volta, muito levemente, o esquerdo com o calcanhar erguido.

Abaixe o alto do corpo para a frente, a partir da cintura, com os joelhos muito flexionados, e aponte a mão direita a 45° da vertical para o chão, à altura do joelho direito. A mão esquerda segue o movimento, para a frente, para trás, para a frente, e termina um pouco acima do joelho esquerdo [108]. O olhar segue a mão direita e se dirige para a frente e para baixo. Quando se dobrar para a frente, não arqueie as costas.

SEQÜÊNCIA 23: OS BRAÇOS EM LEQUE (shan tong bei)

Tempo 32

Levante-se devagar e erga as mãos. Leve a perna esquerda para a frente, acionando primeiro o calcanhar, e passe à frente flexionado. Simultaneamente, a mão direita volta a subir acima da cabeça, com a palma virada para fora (Norte), ao passo que a mão esquerda sobe de novo até a altura do peito, com a palma avançando para a frente (Oeste) à proporção que o corpo se abre lentamente para a direita. Os olhos seguem primeiro a subida da mão direita, e, em seguida, se dirigem para o avanço da mão esquerda [109].

SEQÜÊNCIA 24: VIRAR-SE E GOLPEAR COM O PUNHO (pie shen chui)

Tempo 33

Com um balanço do corpo para trás, à direita, gire o pé esquerdo, assim aliviado, sobre o calcanhar, para a direita, com a ponta orientada para o Norte. A mão direita se fecha, e, num movimento, vem colocar-se diante do plexo, com as falanges viradas para baixo. Ao mesmo tempo, a palma da mão esquerda se ergue e vem colocar-se, olhando para o Norte, sobre o lado esquerdo da testa [110].

Prosseguindo na rotação para a direita, erga o pé direito e, a seguir, acionando primeiro o calcanhar, pouse-o na frente, com a ponta voltada para Leste. O centro de gravidade está sempre sobre a perna esquerda dobrada. Simultaneamente, a palma da mão esquerda desce em curva diante do abdome e o punho direito, seguido pelo olhar, se projeta em círculo para a frente, de cima para baixo, desdobrando o braço a partir do cotovelo [111], como se fosse golpear com as costas do punho.

Aplicando progressivamente o peso do corpo sobre a perna direita, termine o movimento das mãos da seguinte maneira: descrevendo uma linha curva, leve o punho direito até o flanco direito, com as falanges para cima, ao mesmo tempo que empurra para a frente (na direção do Leste) a palma da mão esquerda, estando o braço semidobrado na horizontal. O olhar pousa sobre essa mão [112].

N.B. *A mesma seqüência volta mais adiante, na direção oposta: os desenhos de 168 a 172 (seqüência 35) permitem ver o movimento ilustrado do outro lado.*

Veja igualmente, no que respeita à seqüência 24, a estampa S 24, pág. 144. (Como também S 35 em relação ao movimento simétrico.)

SEQÜÊNCIA 25: DAR UM PASSO À FRENTE, DESVIAR PARA BAIXO, APARAR E GOLPEAR COM O PUNHO (jin bu ban lan chui)

Tempo 34 a

Desloque o peso do corpo para o pé esquerdo, trazendo de volta o pé direito e recuando o alto do corpo, que gira para a esquerda. Durante esse giro, o cotovelo esquerdo se abaixa, o que traz de volta a palma da mão esquerda contra o peito, ao mesmo tempo que o punho direito descreve um arco de círculo da direita para a esquerda, que o leva, com as falanges apontadas para baixo, como se fosse desferir um murro em "gancho", ao quadril esquerdo [113]. O movimento do punho é amplo e oblíquo (para o alto passando pela frente, depois para baixo).

Dê um passo com o pé direito, com a ponta voltada para Leste e, ao repassar flexionado para a frente sobre a perna direita, golpeie com o punho em arco de círculo na direção inversa do "gancho" precedente: tornando a partir para a frente, o punho vira e volta com as falanges para cima. É a ação de "desviar para baixo", com o reverso do punho [114]. No fim do movimento, o punho retorna ao quadril direito (não ilustrado) como na seqüência 12, de cuja réplica esta é o início. Note que, por ocasião da rotação do busto para a direita, a mão esquerda segue o movimento como para apoiar a ação do punho direito e se aproxima do pulso direito, mas sem tocá-lo.

Tempo 34 b

Dê um passo com o pé esquerdo na mesma direção, depois execute as ações de "aparar" com a mão esquerda [115] após "golpear" com o punho direito, passando flexionado para a frente e trazendo de volta a mão esquerda para o cotovelo direito [116].

N.B. *Reveja a seqüência 12, da qual esta é a réplica na direção oposta.*

Veja igualmente, em relação à seqüência 25, a estampa S 25, à pág. 145. (Assim como a estampa S 36, que ilustra o movimento simétrico.)

SEQÜÊNCIA 26: APARAR, PUXAR PARA TRÁS, APOIAR NA FRENTE, AFASTAR AS MÃOS E AVANÇAR (shang bu lan qiao wei)

Tempo 35

Vire a ponta do pé esquerdo para fora e leve o centro de gravidade para esse pé. Gire para a esquerda, trazendo de volta o pé direito, depois dê um passo com esse pé direito para Leste. Passe progressivamente flexionado para a frente sobre a perna direita e repita a seqüência 3, "agarrar a cauda do pássaro" (a: *pen;* b: *lü;* c: *ji;* d: *an*).

SEQÜÊNCIA 27: CHICOTE SIMPLES (dan bian)

Tempo 36
Virando o corpo para a esquerda, repita a seqüência 4 na direção Oeste [132].

SEQÜÊNCIA 28: AGITAR AS MÃOS COMO NUVENS (yun shou)

Tempo 37
Faça o peso do corpo incidir sobre a perna direita e gire o pé esquerdo sobre o calcanhar a fim de levá-lo a apontar para o Norte, ao mesmo tempo que a palma da mão esquerda descreve um arco de círculo para a frente. A cabeça segue o giro do corpo, com o olhar pousado na mão direita [134].

Transfira o centro de gravidade para o pé esquerdo, enquanto a mão direita, descrevendo um círculo para baixo, passa defronte do abdome e torna a subir até o ombro esquerdo, com a palma virada para dentro, e enquanto a mão esquerda parte em curva para a esquerda e para o alto, com a palma virada para fora [135]. Desde a transferência do peso do corpo para a perna esquerda, o olhar fita a mão esquerda.

O giro do corpo para a esquerda, acompanhado do movimento de balancim dos braços, termina com um passo lateral do pé direito para a esquerda (deslocamento paralelo, dito "passo de caranguejo"). O afastamento dos pés é, aproximadamente, o da largura dos ombros [136]. Você está de frente para o Norte. O conjunto dessas ações constitui a preparação para os movimentos "mãos em nuvens" propriamente ditos.

1º movimento: (a: mover as mãos para a direita)
A cintura gira para a direita e a mão direita efetua um movimento circular na mesma direção; o que a faz passar diante do rosto, com a palma sempre virada para dentro, até o ombro direito; simultaneamente, a mão esquerda se abaixa em arco de círculo para o lado esquerdo, na direção do abdome, com uma rotação que leva a palma da mão para o alto. Os olhos seguem o deslocamento da mão direita [137].

(b: mover as mãos para a esquerda)
Com o peso do corpo sobre a perna direita, dê um meio passo paralelo para a esquerda com o pé esquerdo, enquanto o movimento das mãos se arredonda para o alto, à direita; a palma da mão direita se abre para fora, ao passo que a da mão esquerda continua a subir para o lado direito do rosto, orientada para o alto [138]. Faça o peso do corpo incidir sobre a perna esquerda e vire a cintura para a esquerda, ao mesmo tempo que as mãos passam na mesma direção: a palma da mão esquerda volta a passar horizontalmente diante do rosto, seguida do olhar, enquanto a mão direita, com a palma olhando para cima, chega, em curva, diante do abdome antes de subir de volta ao ombro esquerdo [139]. O movimento termina com o deslocamento paralelo do pé direito para o pé esquerdo, que corresponde ao momento em que as mãos atingem o ponto culminante da curva, à esquerda [140].

2º movimento: (c: mover as mãos para a direita)
No mesmo lugar, repita a forma a, acima.
(Mover as mãos para a esquerda, segundo fase não ilustrada.)
Depois de um passo lateral do pé esquerdo seguido do direito, repita a forma b, acima.

3º movimento: (mover as mãos para a direita, 1ª fase não ilustrada)
No mesmo lugar, repita a forma a, acima.
(d: mover as mãos para a esquerda).

87

Depois de dar um passo lateral com o pé esquerdo, seguido do pé direito, repita a forma b, acima.

N.B. *Repetimos o movimento (direita depois esquerda) 3, 5 ou 7 vezes, número de acordo com o da seqüência 17 ("repelir o macaco"), e sempre ímpar. O importante nessa série é mover o corpo a partir da bacia, sem se inclinar, com gestos redondos dos braços, e um movimento de balancim sobre as pernas. O todo deve ser flexível, harmonioso e perfeitamente sincrônico. Os joelhos continuam dobrados. O deslocamento é em linha.*

Veja igualmente, em relação à seqüência 28, a estampa S 28, à pág. 146.

Saída da seqüência: (e: mover as mãos para a direita)
No mesmo lugar repita a forma a, acima [143].

SEQÜÊNCIA 29: CHICOTE SIMPLES (dan bian)

Tempo 38

Virando o corpo para a esquerda, repita a seqüência 4.

SEQÜÊNCIA 30: AFAGAR O PESCOÇO DO CAVALO (gao tan ma)

Tempo 39

Desloque o peso do corpo para trás; faça-o incidir sobre a perna direita, que se dobra progressivamente, vire o busto para a esquerda a fim de deixá-lo olhando para Oeste. O estreitamento da posição faz que se erga naturalmente o calcanhar esquerdo. Ao mesmo tempo, abre-se a mão direita e a esquerda vira, com a palma olhando para o alto. O olhar pousa na mão esquerda [147].

Prossiga na rotação do tronco, provocando, dessa maneira, o recuo do pé esquerdo à distância de meio passo (ele repousa apenas sobre os dedos). Distenda um pouco o joelho direito para o alto. Enquanto retira a palma da mão esquerda, e o antebraço vem encostar-se nas costelas esquerdas, leve a mão direita diretamente à frente, com a palma virada para Oeste, a ponta dos dedos à altura do ombro, mas voltada levemente para a esquerda (como para entrar em contacto com o pescoço de um cavalo). O olhar passou sobre a mão direita [148]. O joelho continua flectido.

SEQÜÊNCIA 31: SEPARAR OS PÉS (fen jiao)

Tempo 40: separar o pé direito

Com o peso incidindo sobre o pé direito, levante o joelho esquerdo e dê um passo oblíquo com o pé esquerdo, cuja ponta se dirige para Sudoeste; depois passe flexionado à frente. Simultaneamente, ao virar um pouco a cintura para a direita, descreva um arco de círculo com a mão direita, um pouco para trás, e outro com a esquerda, mas para a frente (o que leva a palma da mão a virar para baixo), as duas no sentido horário [150].

Continuando a virar a cintura um pouco para a direita, e trazendo de volta o peso para a perna direita, que se dobra, descreva com as mãos um circulozinho vertical da direita para a esquerda, o que as leva a cruzar-se diante do peito, com as palmas para dentro, a mão direita na frente. Observe que, nesse estágio, o peso voltou inteiramente a incidir sobre o pé esquerdo, até aliviar completamente o direito, o qual, começando o seu movimento, se reaproximou do esquerdo [151].

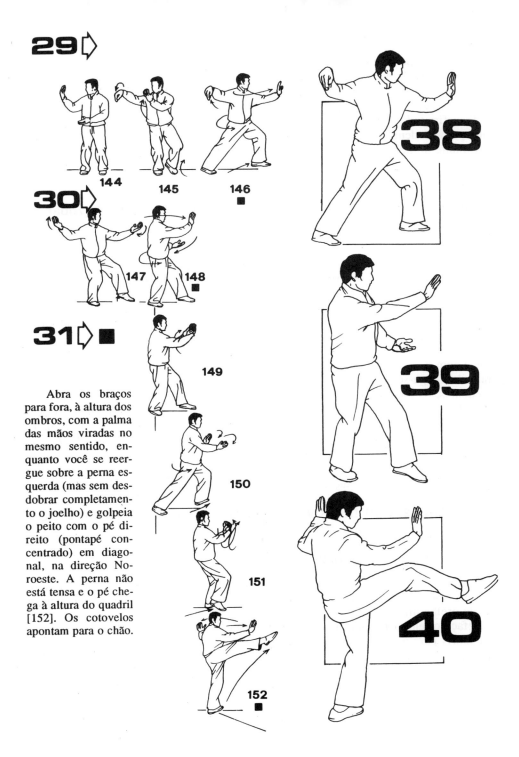

Abra os braços para fora, à altura dos ombros, com a palma das mãos viradas no mesmo sentido, enquanto você se reergue sobre a perna esquerda (mas sem desdobrar completamente o joelho) e golpeia o peito com o pé direito (pontapé concentrado) em diagonal, na direção Noroeste. A perna não está tensa e o pé chega à altura do quadril [152]. Os cotovelos apontam para o chão.

Tempo 41: separar o pé esquerdo

Coloque o pé direito na direção Noroeste e passe flexionado à frente sobre essa perna. A palma da mão esquerda, dirigida para baixo, volta para trás, à direita, com o cotovelo dobrado, ao passo que a palma da mão direita volta igualmente para a frente, virando-se para o céu [153].

Transfira todo o peso do corpo para o pé direito e execute os movimentos simétricos do tempo precedente: pontapé ascendente, em ponta, para Sudoeste, com cruzamento das mãos diante do peito (mão esquerda à frente, depois separação) [154, 155].

Veja igualmente, em relação à seqüência 31, a estampa S 31, à pág. 147.

SEQÜÊNCIA 32: VIRAR-SE E GOLPEAR COM O CALCANHAR (zhuan shen deng jiao)

Tempo 42

Leve de volta o pé esquerdo para trás do calcanhar direito, tocando o chão somente com a ponta, e traga, ao mesmo tempo, a mão direita à frente [156]. Gire sobre o calcanhar direito, da direita para a esquerda, de modo que você venha a olhar para Leste. No transcurso da rotação, feche os braços e cruze as mãos diante do peito, ficando a mão esquerda à frente, com as palmas de ambas voltadas para você [157].

Separe as mãos à altura dos ombros, virando as respectivas palmas para fora, e golpeie com o calcanhar esquerdo diretamente à frente, para Leste, com a ponta dirigida para o alto. Erga-se um pouco sobre a perna de apoio golpeando, mas, como nos pontapés precedentes, os joelhos permanecem um pouco dobrados [158].

N.B. *Outra forma de execução consiste em deixar pender naturalmente o pé esquerdo (segundo 155), joelho erguido, e em girar sem tomar apoio no pé esquerdo. Golpeia-se então diretamente, sem que o joelho esquerdo se tenha abaixado. Exige-se um equilíbrio perfeito.*

Veja igualmente, em relação à seqüência 32, a estampa S 32, à pág. 147.

SEQÜÊNCIA 33: POR DUAS VEZES, BATER NO JOELHO E GIRAR COM O CORPO (lou xi ao bu)

Tempo 43: bater no joelho e girar à esquerda

Traga de volta o pé esquerdo descendo sobre o joelho direito, e, virando a cintura para a direita, leve as mãos nessa direção, a esquerda sobre o peito, a direita chegando atrás da orelha direita [159].

Refaça o tempo 13, mas na direção Leste: passo para a frente do pé esquerdo, giro dos quadris para a esquerda a fim de bater com a mão esquerda de dentro para fora e empurrar com a direita [160].

Tempo 44: bater no joelho e girar à direita

Leve de novo o centro de gravidade para o pé direito, o que lhe permite abrir a ponta do pé esquerdo para fora [161]; dê um passo com o pé direito na mesma direção e inverta o movimento precedente: bata com a mão direita e empurre com a esquerda [164].

SEQÜÊNCIA 34: AVANÇAR UM PASSO E GOLPEAR COM O PUNHO PARA BAIXO (jin bu cai chui)

Tempo 45

Abra a ponta do pé direito para fora e, fazendo incidir todo o peso sobre a perna direita, abra o corpo para a direita. Simultaneamente, leve a mão esquerda, com a palma virada para o alto, à frente do abdome, ao passo que a direita sobe para trás [165], fecha-se e torna a partir para a frente, a fim de colocar-se no quadril direito.

Dê um passo para a frente com o pé esquerdo [166] e, começando a rotação do tronco para a esquerda, passe flexionado à frente sobre a perna esquerda e empurre o punho direito, vertical, a 45° na direção do solo, enquanto bate com a mão esquerda, que vira a palma para baixo, passando da direita para a esquerda, e detém-se sobre o lado externo e um pouco atrás do joelho esquerdo [167]. O olhar seguiu o punho direito.

N.B. *Alguns praticantes desferem o golpe torcendo o punho, o que o faz chegar com as falanges viradas para baixo; outros o executam verticalmente, como o descrito acima, mas só a falange média ultrapassa o punho. São variantes.*

SEQÜÊNCIA 35: VIRAR-SE E GOLPEAR COM O PUNHO (pie shen chui)

Tempo 46

Faça o peso do corpo incidir sobre o pé direito, reerguendo-se e virando lentamente para a direita, o que permite ao pé esquerdo, deslastrado, erguer-se e girar com a ponta para o Sul. Ao mesmo tempo, leve de volta o punho direito para a frente do abdome, com as falanges viradas para baixo, e erga a mão esquerda diante da testa, com a palma voltada para fora [168]. Termine a rotação fazendo o centro de gravidade incidir de novo sobre a perna esquerda [169] e trazendo de volta o pé direito [170]...

... Antes de avançar com o pé direito na direção Oeste [171] e de refazer o fim da seqüência 24, na direção oposta.

Veja igualmente, em relação à seqüência 35, a estampa S 35, à pág. 148. (Poder-se-ão rever igualmente os desenhos de 110 a 112 e a estampa S 24.)

SEQÜÊNCIA 36: DAR UM PASSO À FRENTE, DESVIAR PARA BAIXO, APARAR E GOLPEAR COM O PUNHO (jin bu ban lan chui)

Tempo 47

Refaça a seqüência 12.

Veja igualmente a estampa S 36, à pág. 148.

SEQÜÊNCIA 37: DESFERIR UM GOLPE COM O CALCANHAR PARA O ALTO (ti jiao)

Tempo 48

Gire o pé esquerdo sobre o calcanhar para fora, com a ponta virada para Sudoeste. Abra a mão direita e afaste as mãos horizontalmente para fora, com as palmas viradas no mesmo sentido [178]. O movimento das mãos se arredonda; feche de novo os braços, cruzando as mãos diante do peito, com a direita à frente e as palmas viradas para você; ao mesmo tempo, com todo o peso incidindo sobre a perna esquerda, leve a ponta do pé direito para perto do esquerdo [179]. Olhe direito à sua frente, para Oeste.

Como nos pontapés precedentes, separe as mãos horizontalmente, com as palmas viradas para fora, e golpeie com o calcanhar do pé direito para a frente, defrontando o Oeste [180].

SEQÜÊNCIA 38: GOLPEAR O TIGRE À ESQUERDA (zuo da hu)

Tempo 49

Reponha o pé direito paralelamente ao pé esquerdo, contra ele, e leve a mão esquerda, com um movimento circular, à altura do cotovelo ou do punho direito. O olhar repousa na mão direita [181].

Com o peso do corpo incidindo sobre o pé direito, gire para a esquerda abaixando a mão direita (à altura do quadril). Dê um passo com o pé esquerdo para Sudeste e passe progressivamente flexionado à frente, ao mesmo tempo que fecha as mãos para vibrar um murro duplo: o punho esquerdo efetua uma trajetória circular, que o traz da esquerda para a direita e de baixo para cima até a frente da testa, com as falanges voltadas para a frente, ao passo que o punho direito vem da direita para a esquerda e se detém à frente do abdome, com as falanges voltadas para baixo [182]. Durante o movimento, os olhos seguem o punho esquerdo e depois se fixam à sua frente, horizontalmente. As trajetórias dos punhos, em movimentos convergentes, embora em níveis diferentes, devem ser bem arredondadas. Para chegar ao sentido do movimento, imaginemo-nos, de início, seguran- do um bastão com a ponta para baixo (a mão direita em cima e a mão esquerda embaixo), e fazendo-o girar de modo que se coloque a ponta (correspondente à mão esquerda) em cima.

Veja igualmente, em relação à seqüência 38, a estampa S 38, à pág. 149.

95

SEQÜÊNCIA 39: GOLPEAR O TIGRE À DIREITA (you da hou)

Tempo 50

Dirija o olhar para o Oeste [183] e faça de novo o peso do corpo incidir sobre a perna direita inclinando-se para trás, o que permite à ponta do pé esquerdo, livre do peso, virar-se para a direita. Balance de novo o peso sobre a perna esquerda, girando com a cintura para a direita, encarando o Oeste. Simultaneamente, o punho esquerdo passa na mesma direção, ao passo que o punho direito vem ficar por baixo, diante da axila esquerda [184].

Conclua a rotação fazendo incidir todo o peso sobre a perna esquerda e erguendo o pé direito. Abra simultaneamente as mãos, que encetam suas trajetórias curvas [185]. Dê um passo oblíquo com o pé direito, para Noroeste, portanto sobre o mesmo eixo do movimento precedente, mas no sentido inverso, e passe flexionado à frente. Fecham-se as mãos e os punhos descrevem trajetórias inversas das do tempo anterior: o punho esquerdo termina diante do peito, com as falanges para baixo, ao passo que o direito vem de fora para dentro e de baixo para cima, até parar diante da testa, com as falanges voltadas para a frente [186]. Como anteriormente, o movimento se conclui quando o peso do corpo incide bem sobre o pé da frente. Os cotovelos continuam bem dobrados e os punhos colocam-se praticamente na vertical um do outro.

Veja igualmente, em relação à seqüência 39, a estampa S 39, à pág. 149.

SEQÜÊNCIA 40: DAR UM GOLPE DE CALCANHAR DIRETO PARA O ALTO (ti jiao)

Tempo 51

O pé esquerdo gira na direção Sudoeste. Faça incidir o peso do corpo sobre o pé esquerdo, permitindo à ponta do pé direito, livre do peso, virar-se para o interior [187].

Continue a transferir o centro de gravidade para a perna esquerda virando a cintura para a esquerda. Abra as mãos e leve de novo o olhar rumo ao Oeste [188]. Conduza a ponta do pé direito na direção do pé esquerdo, cruzando as mãos num amplo movimento circular diante do peito, com as palmas viradas na sua direção, a mão direita à frente [189].

Dessa posição, repita o tempo 48.

SEQÜÊNCIA 41: GOLPEAR AS ORELHAS DO ADVERSÁRIO COM OS PU-NHOS (shuang feng guan er)

Tempo 52

Depois do pontapé deixe cair a perna e mantenha-a suspensa, com a coxa na horizontal, a ponta do pé virada para baixo, ao passo que as mãos, com as palmas voltadas para cima, descem de cada lado do joelho. Você está de frente para Oeste [191].

Gire para a direita sobre o calcanhar esquerdo (ponta do pé para Oeste), depois, flexionando a perna esquerda, avance o pé direito, acionando primeiro o calcanhar, para Noroeste. As mãos acompanham o joelho na descida, vindo os cotovelos um pouco atrás [192]. Flexione progressivamente à frente a perna direita e, fechando as mãos, golpeie circularmente de trás para diante e para o alto, de fora para dentro. Não se incline para a frente [193]. O olhar está na horizontal.

SEQÜÊNCIA 42: VIBRAR UM GOLPE COM O CALCANHAR ESQUERDO PARA O ALTO (zuo ti jiao)

Tempo 53

Transfira o peso do corpo para a perna esquerda e vire a ponta do pé direito para fora (Norte) fazendo girar a cintura para a direita, enquanto as mãos se abrem e afastam no plano do peito. Dirija outra vez o olhar para Oeste [194]. Voltando o centro de gravidade para o pé direito, leve a ponta do pé esquerdo para perto do direito, cruzando as mãos diante do peito, com as palmas voltadas para você, e ficando a esquerda à frente [195].

Dessa posição, repita o tempo 42, que é a sua réplica, mas na direção do Oeste.

SEQÜÊNCIA 43: VIRAR E GOLPEAR COM O CALCANHAR DIREITO (zhuan shen deng jiao)

Tempo 54

Traga de volta o pé esquerdo, que continua suspenso, e comece uma rotação completa para trás, à direita, defronte do pé direito, com o calcanhar levantado. Simultaneamente, as palmas das mãos descem para os flancos [197].

O pé esquerdo vem colocar-se na direção do Leste e sobre ele incide progressivamente o peso do corpo, enquanto você cruza as mãos diante do peito, com as palmas olhando para você, a mão direita à frente. Continue imediatamente a girar para a direita, mas, desta vez, sobre o pé esquerdo, até voltar ao ponto de partida, defrontando o Oeste. Só a ponta do pé direito repousa no chão [198]. A rotação faz-se rapidamente.

Dessa posição, repita o tempo 48 (golpe com o calcanhar direito com separação das mãos).

SEQÜÊNCIA 44: DAR UM PASSO À FRENTE, DESVIAR PARA BAIXO, APARAR E GOLPEAR COM O PUNHO (jin bu ban lan chui)

Tempo 55

Traga de volta o pé direito virando um pouco a cintura para a direita e fechando os braços: a mão direita se fecha e vem ficar diante do abdome, com as falanges do punho voltadas para baixo, ao passo que a mão esquerda vem por cima, à frente, com a palma para baixo [200].

Dessa posição repita o tempo 18, do qual este é uma réplica.

Tempo 56

Dê um passo com o pé esquerdo na mesma direção e repita o tempo 19.

SEQÜÊNCIA 45: TRAZER DE VOLTA E EMPURRAR (FECHAMENTO APARENTE) (ru feng si bi)

Tempo 57

Repita a seqüência 13.

SEQÜÊNCIA 46: CRUZAR AS MÃOS (shi zi shou)

Tempo 58

Repita a seqüência 14.

O Tai ji quan prossegue diretamente com um terceiro grupo de movimentos. Mas você pode terminar depois deste segundo grupo, endireitando-se lentamente e afastando as mãos para retomar a posição inicial [1].

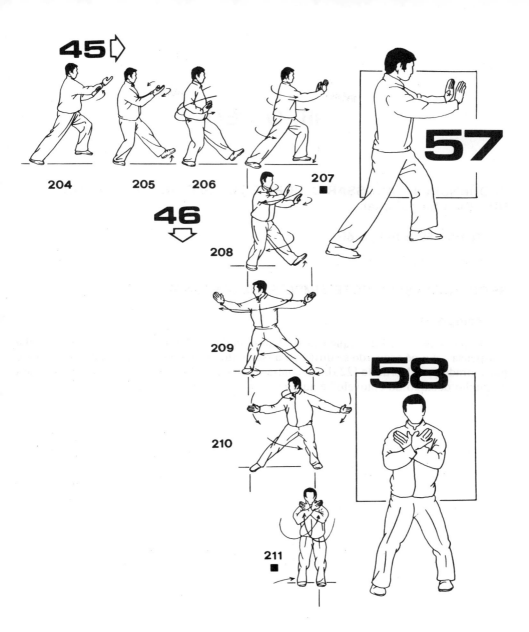

III) O CÉU

SEQÜÊNCIA 47: ACOSSAR O TIGRE E LEVÁ-LO DE VOLTA À MONTA-NHA (bao hu gui chan)

Tempo 59 e tempo 60

Repita a seqüência 15.

SEQÜÊNCIA 48: CHICOTE SIMPLES EM DIAGONAL (dan bian)

Tempo 61

Repita o tempo 24 da seqüência 16. Mas com duas diferenças: a mão direita se fecha "suspensa", e o pé esquerdo se dirige para Noroeste assim como a mão esquerda, o busto mais virado para Nordeste [223]. Ao contrário do tempo 24, a posição intermediária para o "punho debaixo do cotovelo" é aqui um "chicote simples" clássico.

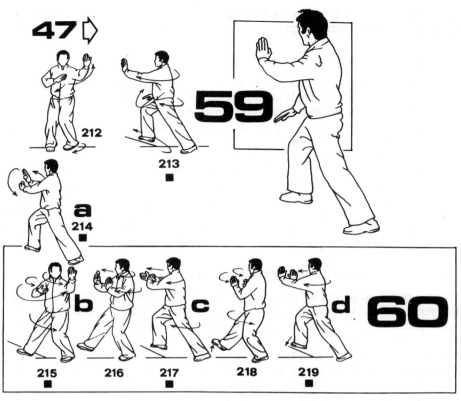
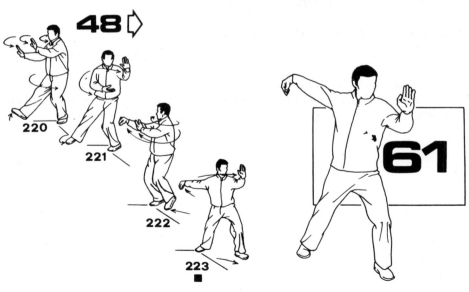

SEQÜÊNCIA 49: POR TRÊS VEZES, SEPARAR A CRINA DO CAVALO SELVAGEM (yema fen zong)

Tempo 62: separar a crina à direita

Voltando um pouco do peso do corpo sobre a perna direita, vire a ponta do pé esquerdo para dentro. Transfira o centro de gravidade para o pé esquerdo e traga o pé direito para perto do esquerdo, fazendo que somente a sua ponta toque o solo. Ao mesmo tempo, traga a mão esquerda para junto de si, com a palma virada para baixo, e abaixe a mão direita numa curva da direita para a esquerda, que a leva, com a palma voltada para o alto, até o lado esquerdo. Você defronta o Norte [224].

Gire para a direita e avance o pé direito para Leste (ligeiramente Sudeste), acionando primeiro o calcanhar. Passe flexionado à frente e puxe as mãos no sentido contrário: a mão direita volta a subir em curva para a direita e para o alto, com a palma virada para o céu, e detém-se à altura dos olhos, ao passo que a esquerda, com a palma voltada para o chão, desce até a altura da coxa esquerda, ficando o braço um pouco afastado do corpo. Os cotovelos permanecem flectidos. O olhar repousa na mão direita [225].

Tempo 63: separar a crina à esquerda

Vire a ponta do pé direito para fora [226] e depois transfira todo o peso do corpo para a perna direita. Vire o busto para a direita levando a palma da mão esquerda, que se volta para o céu, defronte do ventre, debaixo da mão direita que voltou para trás virando-se com a palma para baixo [227].

Avance o pé esquerdo para Leste (ligeiramente Nordeste), e, flexionando à frente a perna esquerda, execute o movimento de separação inversa das mãos: a esquerda eleva-se até a altura dos olhos, seguida pelo olhar, com a palma para o alto, e a direita desce para a coxa direita, com a palma virada para baixo [229].

Tempo 64: separar a crina à direita

Avance o pé direito para Leste (ligeiramente Sudeste) e repita o tempo 62.

N.B. *Nesta seqüência, as três flexões à frente são mais pronunciadas que de hábito, sendo que a ponta do joelho da frente fica na vertical dos dedos do pé (fenda à frente). O afastamento dos pés, entretanto, continua a ser o mesmo dos ombros.*

SEQÜÊNCIA 50: AGARRAR A CAUDA DO PÁSSARO (lan que wei)

Tempo 65: agarrar a cauda do pássaro, à esquerda

Virando o corpo para a direita, abra a ponta do pé direito para fora e faça incidir o peso do corpo sobre a perna direita [234]. Como no tempo 63, vire o busto para a direita, levando a mão esquerda, virada para o alto, para diante do ventre, debaixo da mão direita, que voltou para você com a palma virada para baixo [235].

Adiante o pé esquerdo francamente para Nordeste, separando as mãos: a mão esquerda torna a subir, em curva, até a altura do ombro, com a palma voltada para você, ao passo que a mão direita desce até a coxa direita, com a palma virada para baixo.

N.B. *Esse movimento é muito parecido com o do tempo 63, mas a direção é aqui mais oblíqua e a palma da mão esquerda está voltada para você (como no tempo 3).*

Tempo 66: aparar, puxar para trás, apoiar na frente, afastar as mãos e empurrar

A seqüência dos movimentos é a repetição da seqüência 3 (a: *pen*; b: *lü*; c: *ji*; d: *an*), cujas formas se repetem na direção do Leste.

SEQÜÊNCIA 51: CHICOTE SIMPLES (dan bian)

Tempo 67

Repita a seqüência 4.

SEQÜÊNCIA 52: POR QUATRO VEZES, A RAPARIGA DE JADE TECE E LANÇA A NAVETA (yunu chuan suo)

Tempo 68: lançar a naveta à esquerda (o 1º canto)

Vire o busto para trás, à direita, e gire o pé esquerdo sobre o calcanhar para a direita. Simultaneamente, a mão direita, com os dedos sempre juntos, vem da direita para a esquerda à altura do rosto, seguida pelo olhar, e a mão se abaixa diante do abdome, com a palma voltada para cima [256].

Faça a totalidade do peso do corpo incidir sobre a perna esquerda prosseguindo na rotação, o que o leva a ficar em face do Nordeste. O pé direito volta naturalmente para a esquerda sob o efeito da rotação. Abra a mão direita, que vem para a frente do peito, com a palma voltada para baixo [257].

Ponha o pé direito à frente, com a ponta orientada para Este-Sudeste [258], depois desloque o centro de gravidade para a perna direita ao terminar a rotação do tronco para a direita. Dê um passo à frente com o pé esquerdo, acionando primeiro o calcanhar, na direção Nordeste, e flexione lentamente essa perna à frente. Simultaneamente, faça subir a mão esquerda, em movimento circular, acima da cabeça, com a palma virada para diante, ao mesmo tempo que empurra a mão direita para a frente (direção Nordeste), com as pontas dos dedos voltadas para cima. O olhar repousa sobre a mão direita. Os dois cotovelos continuam dobrados [259].

Tempo 69: lançar a naveta à direita (o 2º canto)

A ponta do pé esquerdo gira para dentro, enquanto você começa a voltar o corpo para a direita, ao mesmo tempo que vira o braço direito, levando a mão direita, com a palma olhando para o alto, para diante do abdome, e a palma da mão esquerda se abaixa, seguida pelo olhar [260].

Faça que a totalidade do peso do corpo incida sobre a perna esquerda prosseguindo na rotação, o que leva a colocar-se diante do Noroeste. A ponta do pé direito vem naturalmente encontrar-se com o esquerdo sob o efeito da rotação [261].

Leve o pé direito para diante, na direção do Nordeste, e flexione lentamente essa perna à frente. Simultaneamente, faça a mão direita subir em movimento circular acima da cabeça, com a palma virada para a frente, ao mesmo tempo que empurra a mão esquerda para a frente (na direção do Noroeste), com as pontas dos dedos viradas para cima. O olhar fita-se na mão esquerda. Os dois cotovelos continuam flexionados [262].

Tempo 70: lançar a naveta à esquerda (o 3º canto)

Traga de volta a mão direita, com a palma voltada para baixo, para diante do peito, enquanto faz a mão esquerda descrever um movimento circular, que a deixa, com a palma olhando para o alto, diante do abdome (como se você segurasse uma bola à sua frente). Faça o peso do corpo incidir sobre a perna direita e aproxime o pé esquerdo do direito, tocando o solo apenas com a ponta do pé [263].

Dê um passo com o pé esquerdo, acionando primeiro o calcanhar, na direção Sudoeste, e passe à frente com a perna esquerda flexionada, fazendo subir a mão esquerda acima da cabeça e empurrando a mão direita, como no tempo 68 [264].

109

Tempo 71: lançar a naveta à direita (o 4º canto)

A ponta do pé esquerdo gira para dentro, ao mesmo tempo que você começa a virar o corpo para a direita, enquanto a mão esquerda desce diante do peito, com a palma voltada para baixo e a mão direita se coloca à frente do abdome, com a palma virada para cima (mais uma vez a imagem da bola que você segura à sua frente). Você defronta com o Oeste [265].

Faça a totalidade do peso do corpo incidir sobre a perna esquerda ao prosseguir na rotação, até ver-se diante do Sudeste. A ponta do pé direito veio naturalmente encostar no pé esquerdo sob o efeito da rotação [266].

Leve o pé direito à frente, na direção Sudeste, flexione lentamente à frente a perna direita, fazendo a mão direita subir acima da cabeça e empurrando a mão esquerda, como no tempo 69 [267].

N.B. *Mantenha o corpo reto no transcorrer das rotações e dos passos dados à frente. Não enrijeça o corpo, e, sobretudo, mantenha o braço na horizontal ao "empurrar" no fim do movimento, quando a ponta do pé, o joelho, o olhar e a palma da mão à frente se orientam na mesma direção.*

Veja também aqui abaixo o diagrama dos quatro deslocamentos para os quatro cantos.

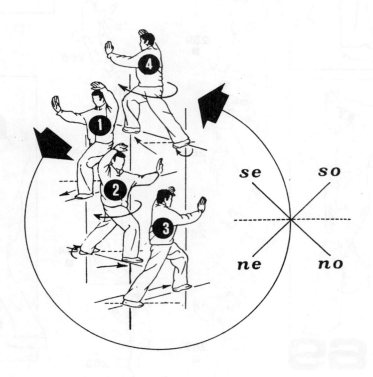

SEQÜÊNCIA 53: AGARRAR A CAUDA DO PÁSSARO (lan que wei)

Tempo 72: agarrar a cauda do pássaro à esquerda

Tempo 73: aparar, puxar para trás, apoiar na frente, afastar as mãos e empurrar

Para executar esses dois tempos: repita a seqüência 50.

SEQÜÊNCIA 54: CHICOTE SIMPLES (dan bian)

Tempo 74

Repita a seqüência 51.

SEQÜÊNCIA 55: AGITAR AS MÃOS COMO NUVENS (yun shou)

Tempo 75

Repita a seqüência 28.

SEQÜÊNCIA 56: CHICOTE SIMPLES (dan bian)

Tempo 76

Repita a seqüência 29.

SEQÜÊNCIA 57: A SERPENTE QUE RASTEJA (sheshen xia shi)

Tempo 77

Vire a ponta do pé direito para fora (Norte), depois transfira todo o peso do corpo para esse pé, dobrando fortemente o joelho direito (orientado para o Norte). Simultaneamente, vire a cabeça para a direita, seguindo a mão esquerda, que vem, com um movimento circular horizontal, para o ombro direito. O braço e a mão direita não se mexeram [297].

Estenda a perna esquerda para Oeste (fazendo escorregar a planta do pé no chão) sentando-se sobre a perna direita muito dobrada, o mais baixo possível. A perna esquerda está praticamente em extensão. Ao mesmo tempo, quando a mão direita repousa em gancho, o cotovelo esquerdo se estende, levando a mão esquerda, em movimento circular, ao longo da perna esquerda: o dorso da mão encosta na face interna da tíbia esquerda, com a palma virada para o Norte, os dedos apontados para o Oeste e para baixo. O olhar seguiu o movimento da mão esquerda [298].

N.B. *É preciso harmonizar a descida do corpo, sem movimentos bruscos, e a varredura da mão esquerda. Mantenha o equílibrio, sem inclinar o tronco nem a cabeça. Não force, no início, a dobragem do joelho direito.*

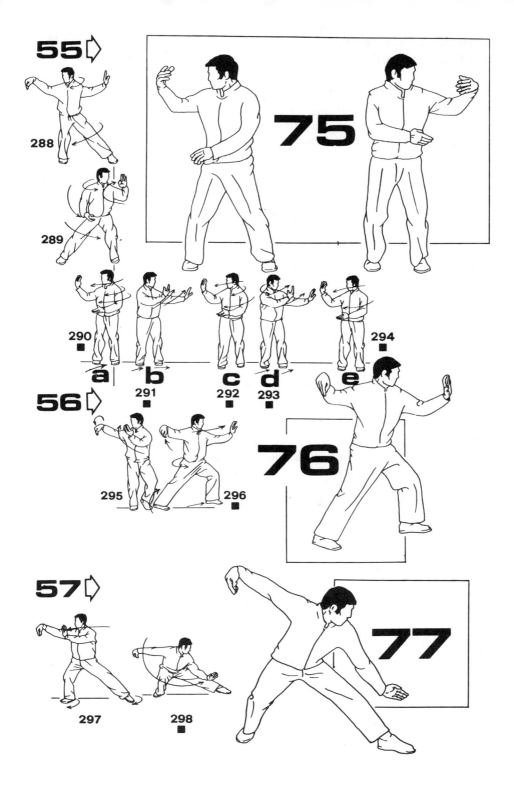

113

SEQÜÊNCIA 58: POR DUAS VEZES O GALO DE OURO SE MANTÉM SOBRE UM PÉ (jinji du li)

Tempo 78: o galo de ouro sobre um pé, à esquerda

Torne a erguer-se lentamente e faça o centro de gravidade repassar para a frente. Progressivamente, e sem cair para a frente, gire a ponta do pé esquerdo para a esquerda, e faça incidir todo o seu peso sobre a perna esquerda, cujo joelho, no entanto, continua dobrado. Simultaneamente, a mão direita se abre e "fura" à frente, num movimento circular num plano vertical, que a conduz de trás para a frente, com a palma olhando para o Sul e os dedos para o alto. O olhar pousa nessa mão [299]. Levante completamente o joelho direito e deixe a perna suspensa, com a ponta do pé para baixo, enquanto a mão direita prossegue no movimento ascendente e se detém à altura do nariz; o cotovelo direito está acima do joelho direito erguido. O olhar acompanhou a mão direita. Seguindo o movimento ascendente do corpo e da mão direita, a mão esquerda começa a furar para cima, tornando a subir, depois inverte o movimento para descer outra vez em curva, até a coxa esquerda, com a palma virada para o chão [300].

Tempo 79: o galo de ouro sobre um pé, à direita

Ponha a perna direita um pouco atrás da perna de apoio, pouse o pé direito no chão, acionando primeiro a ponta. Finque o calcanhar direito no chão e transfira o centro de gravidade para a perna direita flexionando o joelho.

Simultaneamente, erga o joelho esquerdo, com a ponta do pé pendendo naturalmente, e inverta a posição das mãos: a mão esquerda fura para o alto, com a palma virada para o Norte, o cotovelo esquerdo acima do joelho esquerdo, ao passo que a mão direita, com a palma voltada para o solo, desce até a coxa direita. O olhar passa da mão direita para a esquerda [301].

N.B. *Para essas duas figuras é essencial não enrijecer a perna de apoio a fim de poder reerguer-se devagarinho e executar o movimento harmoniosamente. Fique bem a prumo e encolha as nádegas.*

SEQÜÊNCIA 59: RECUAR E REPELIR O MACACO (dao nian hou)

Tempo 80

Repita a seqüência 17, 3, 5 ou 7 vezes.

SEQÜÊNCIA 60: VÔO EM DIAGONAL (xie fei shi)

Tempo 81

Repita a seqüência 18.

SEQÜÊNCIA 61: ERGUER AS MÃOS (ti shou shang shi)

Tempo 82

Repita a seqüência 19.

SEQÜÊNCIA 62: A CEGONHA ESTENDE AS ASAS (bai he liang shi)

Tempo 83

Repita a seqüência 20.

SEQÜÊNCIA 63: DAR UM PASSO À FRENTE E BATER NO JOELHO ESQUERDO (lou xi ao bu)

Tempo 84

Repita a seqüência 21.

SEQÜÊNCIA 64: A AGULHA NO FUNDO DO MAR (hai di zhen)

Tempo 85

Repita a seqüência 22.

SEQÜÊNCIA 65: OS BRAÇOS EM LEQUE: (shan tong bei)

Tempo 86

Repita a seqüência 23.

117

SEQÜÊNCIA 66: A SERPENTE BRANCA DARDEJA SUA LÍNGUA (baishe tu xin)

Tempo 87

Esse movimento, na realidade, é uma VARIANTE DA SEQÜÊNCIA 24 ("virar-se e golpear com o punho") cujas descrições se encontram nos dois primeiros parágrafos (pág. 82). A única modificação ocorre no fim do movimento: quando você vira a cintura para a direita [327], e empurra com a palma da mão esquerda para a frente (Leste), o punho se retira, mas não é puxado para o quadril; a mão direita se abre, indo para trás, e se vira, com a palma voltada para o alto, os dedos apontados para Leste, o punho ao nível das costelas flutuantes direitas [28].

SEQÜÊNCIA 67: DAR UM PASSO À FRENTE, DESVIAR PARA BAIXO, APARAR E GOLPEAR COM O PUNHO (jin bu ban lan chui)

Tempo 88

Repita a seqüência 25.

SEQÜÊNCIA 68: APARAR, PUXAR PARA TRÁS, APOIAR NA FRENTE, AFASTAR AS MÃOS E EMPURRAR (shang bu lan qiao wei)

Tempo 89

Repita a seqüência 26.

SEQÜÊNCIA 69: CHICOTE SIMPLES (dan bian)

Tempo 90

Repita a seqüência 27.

SEQÜÊNCIA 70: AGITAR AS MÃOS COMO NUVENS (yun shou)

Tempo 91

Repita a seqüência 28.

SEQÜÊNCIA 71: CHICOTE SIMPLES (dan bian)

Tempo 92

Repita a seqüência 29.

SEQÜÊNCIA 72: AFAGAR O PESCOÇO DO CAVALO E FURAR COM A MÃO (gao tan ma)

Tempo 93: afagar o pescoço do cavalo

Repita a seqüência 30.

Tempo 94: a mão que fura

Dê um passo à frente com o pé esquerdo e flexione progressivamente à frente a perna esquerda. Simultaneamente, vire a cintura para a direta enquanto a mão direita, descrevendo um arco de círculo, se coloca acima da mão esquerda e depois se abaixa para chegar ao nível do cotovelo esquerdo, com a palma virada para baixo, os dedos apontados para Sudoeste; ao mesmo tempo, o braço esquerdo se estende para a frente e para o alto; a mão esquerda se detém, com a palma sempre voltada para o alto, à altura do queixo [358]. O olhar acompanha a descida da mão direita (como uma parada de cima para baixo), depois o furo executado pela mão esquerda (como um golpe de pique dado pelos dedos). O braço esquerdo não está completamente estendido e a mão direita se situa, mais ou menos, a duas larguras de mão à frente da axila esquerda.

Veja igualmente, em relação à seqüência 72, a estampa S 72, à pág. 150.

(Note-se nesses desenhos o apelo exagerado da mão direita antes de se abaixar num movimento circular diante do peito; o executante proporciona aqui mais o sentido de uma aplicação do movimento ao combate, quando, na forma clássica, a mão direita se abaixa diretamente a partir da primeira posição. Não faça caso, portanto, da posição intermediária ilustrada pelo desenho hachurado).

121

SEQÜÊNCIA 73: VIRAR E DESFERIR UM GOLPE COM O CALCANHAR DIREITO (shizi tui)

Tempo 95

Gire o pé esquerdo sobre o calcanhar para a direita (a ponta faz frente ao Norte) começando a virar o corpo na mesma direção. Simultaneamente, a mão esquerda vem para você, com a palma voltada para você, ao passo que o antebraço direito permanece em posição. O olhar acompanha o movimento da mão esquerda [359].

Faça incidir todo o peso do corpo sobre a perna esquerda e continue a rotação para a direita até fazer frente ao peito, a Leste. Ao mesmo tempo, e muito naturalmente, a partir da sua posição anterior, as mãos vêm cruzar-se diante do peito, com as palmas viradas para você, ficando a mão direita à frente. Sob o efeito da rotação e da transferência do centro de gravidade para a perna esquerda, o pé direito volta para você, tocando o solo apenas com a ponta [360].

Separe as mãos à altura dos ombros, com as palmas viradas para fora, e desfira um golpe com o calcanhar direito na direção do Leste, com a ponta do pé voltada para cima [361]. Como acontece em todos os pontapés, os dois joelhos permanecem ligeiramente flexionados.

N.B. *Esse movimento pouco se modificou no correr dos anos: antigamente, o pontapé era giratório, desferido com a borda externa do pé, num movimento de varredura da esquerda para a direita, que principiava desde que o corpo se punha a virar. A linha dos ombros era então mais Leste-Oeste (e não Norte-Sul, como se vê acima) o que fazia que a mão direita fosse afastada com a palma virada para Leste e a mão esquerda projetada acima da cabeça, com a palma virada para o céu. A técnica se efetuava rapidamente, no curso da rotação.*

SEQÜÊNCIA 74: DAR UM PASSO À FRENTE A DESFERIR UM GOLPE COM O PUNHO PARA BAIXO (lou xi zhi dang chui)

Tempo 96

Pouse o pé direito, com a ponta virada para fora, estenda a mão direita para o quadril direito e traga a mão esquerda, descrevendo um arco de círculo, para a sua frente, enquanto você gira o busto para trás, à direita [362].

Dê um passo à frente com o pé esquerdo e repita a seqüência 34 com uma pequena diferença quanto ao nível visado: o golpe destina-se aqui ao abdome ou à região pubiana (ele visará a tíbia na seqüência 34).

SEQÜÊNCIA 75: APARAR, PUXAR PARA TRÁS, APOIAR NA FRENTE, AFASTAR AS MÃOS E EMPURRAR (shang bu lan qiao wei)

Tempo 97

Desloque a bacia para trás e inicie uma rotação do busto para a esquerda, abrindo a ponta do pé esquerdo para fora, defrontando com o Norte [364]. Simultaneamente, abra a mão direita e leve a esquerda, descrevendo um movimento circular, para o lado esquerdo da cabeça.

Continue a girar para a esquerda e faça incidir todo o seu peso sobre o pé esquerdo, trazendo o pé direito para ele; em seguida, repita a seqüência 26.

SEQÜÊNCIA 76: CHICOTE SIMPLES (dan bian)

Tempo 98: Repita a seqüência 27.

SEQÜÊNCIA 77: A SERPENTE QUE RASTEJA (sheschen xia shi)

Tempo 99

Repita a seqüência 57.

SEQÜÊNCIA 78: DAR UM PASSO À FRENTE E FORMAR AS SETE ESTRELAS (shangbu qi xing)

Tempo 100

Gire o pé esquerdo sobre o calcanhar para a esquerda (ficando a ponta na direção Sudoeste) e torne a erguer-se lentamente, fazendo passar o peso do corpo para a perna esquerda, cujo joelho se dobra. Simultaneamente, a mão esquerda se fecha e o punho vem parar diante do peito, com as falanges viradas para o chão, ao passo que a mão direita, que também se fecha, vai ficar à altura da coxa direita.

Erga a perna direita e dê um meio passo à frente (na direção Oeste) passando muito perto do tornozelo esquerdo, quando somente a ponta do pé toca o solo. O peso continua incidindo sobre a perna esquerda. Simultaneamente, cruze os punhos defronte do peito, com as falanges orientadas obliquamente para baixo (os polegares voltados para você), o punho direto à frente, empurrando um pouco para o alto, até a altura do queixo, sem levantar os ombros [380].

Veja igualmente, em relação à seqüência 78, a estampa S 78, à pág. 150.

SEQÜÊNCIA 79: RECUAR E CAVALGAR O TIGRE (tui bu kua hu)

Tempo 101

Recue o pé direito sobre o mesmo eixo, e, dobrando o joelho, faça incidir o peso do corpo sobre essa perna. O pé esquerdo volta um pouco na mesma direção e, tocando o solo apenas com a ponta, ergue-se na direção do Oeste. Simultaneamente, os punhos se abrem: a mão direita, com a palma voltada para o Norte, sobe, descrevendo um arco de círculo, de baixo para cima, até logo acima da têmpora direita, ao passo que a mão esquerda, com a palma voltada para o chão, desce em curva até logo acima da coxa esquerda. O braço esquerdo está afastado do corpo no sentido da esquerda. Os dois cotovelos estão dobrados [381].

Veja igualmente, em relação à seqüência 79, a estampa S 79, à pág. 150.

SEQÜÊNCIA 80: VOLTAR-SE E VARRER O LÓTUS (zhuan shen bai lian)

Tempo 102

Faça com as mãos um movimento circular duplo, erguendo a esquerda por fora e abaixando a direita de fora para dentro, debaixo do braço esquerdo. O corpo gira 360° para a direita e acaba olhando na mesma direção (Oeste).

Gire sobre o pé direito para trás, à direita. Há duas maneiras de proceder:

— Desenhos 382 a 384: gire seguindo com o pé esquerdo, que vem, descrevendo um arco de círculo, na direção Sudeste e depois [383], virando a ponta do pé para Leste, prossiga na rotação do corpo, o que traz naturalmente o pé direito, apoiado na ponta, na sua direção [384].

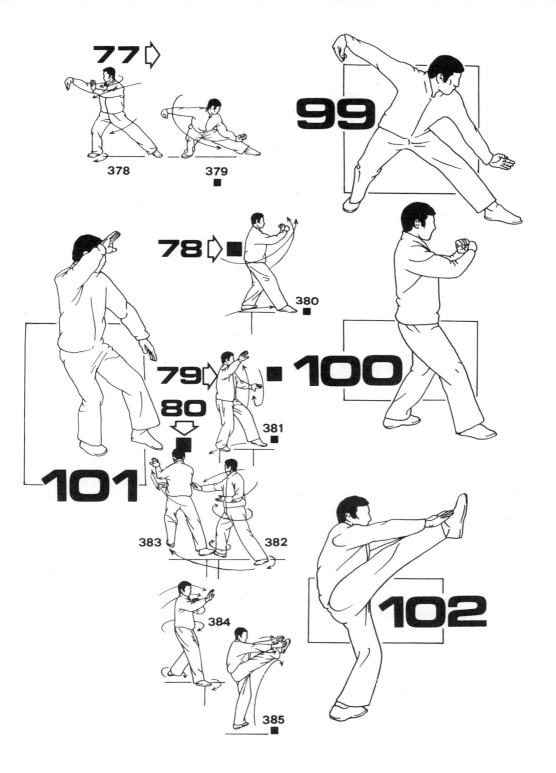

125

— Estampa S 80 à pág. 151: empurre com a ponta do pé esquerdo encostado no chão e levante o joelho, o que dá um impulso complementar ao giro. O pé esquerdo fica suspenso, com a ponta perto do solo, durante toda a rotação. Ele retoma contacto com o solo, diretamente orientado para Sudoeste. Continuando a girar no sentido horário, você desloca o centro de gravidade para a perna esquerda, trazendo um pouco para si o pé direito, como anteriormente, sob o simples efeito da rotação. A rotação faz-se rapidamente.

No final da rotação, o braço direito está quase estendido para Oeste, a palma da mão dirigida obliquamente para baixo e o braço esquerdo encostado no tronco, com a palma da mão olhando para o cotovelo direito. O centro de gravidade está sobre a perna esquerda. Você defronta com o Oeste [384].

O pontapé é um movimento de varredura com o lado externo do pé direito, da esquerda para a direita (como para golpear horizontalmente o flanco do adversário), o pontapé concentrado e um pouco virado para a direita. Desfere-se o golpe à altura dos ombros, mas os dois joelhos devem estar flexionados. O movimento de varredura parte da cintura. No final do movimento, o peito do pé vem bater, no ponto mais alto, na mão esquerda e depois na direita, as quais, com os braços estendidos, efetuam um movimentozinho circular no sentido horário (o que as traz de volta para a esquerda, ao encontro do pé). A subida do pé e a batida das mãos se efetuam muito secamente.

Veja igualmente, em relação à seqüência 80, a estampa S 80, à pág. 151.

SEQÜÊNCIA 81: RETESAR O ARCO E ATIRAR AO TIGRE (wan gong she hut)

Tempo 103

Descanse lentamente o pé direito à frente, na direção Noroeste e flexione progressivamente a perna para a frente. O olhar dirige-se para Oeste. Nessa posição, a mão direita volta um pouco para trás [386].

Girando o busto para a direita, feche os punhos e leve-os para a direita, à altura dos ombros, o punho esquerdo encostando no peitoral direito, o direito indo mais para trás, seguido do olhar. As falanges estão dirigidas para baixo [387].

"Retese o arco" girando com a cintura para a esquerda e estendendo o braço esquerdo (o cotovelo fica um pouco dobrado) na direção Oeste, com as falanges do punho viradas obliquamente para baixo, à altura do ombro, ao passo que o punho direito volta, descrevendo um movimento circular, para cima do lado direito da cabeça, com as falanges viradas para o Norte. O olhar acompanhou o movimento equilibrado dos braços da direita para a esquerda e se dirige para Oeste no fim do movimento. A sensação é a de dois golpes desferidos simultaneamente com o punho para a esquerda e para a frente.

A estampa S 81, à pág. 151, ilustra (figuras hachuradas) uma variante freqüentemente praticada dessa seqüência: ao tornar a descer o pé direito para o solo, as mãos se fecham e abaixam ao nível do ventre, com as falanges voltadas para baixo; depois se erguem obliquamente, com as falanges viradas para fora, enquanto o corpo olha sempre para Noroeste. "Retesamos o arco" girando um pouco a cintura para a esquerda, ao mesmo tempo que erguemos o punho direito sobre o lado direito da cabeça e estendemos o punho esquerdo na direção Sudoeste, para onde vai igualmente o olhar (o desenho não hachurado de S 81 representa, a título comparativo com essa variante, a forma adotada para a descrição precedente, fim do encadeamento: 386 a 388).

SEQÜÊNCIA 82: DAR UM PASSO À FRENTE, DESVIAR PARA BAIXO, APARAR E BATER COM O PUNHO (jin bu ban lan chui)

Tempo 104

Desloque o peso do corpo para a perna esquerda, virando um pouco a cintura para a esquerda e levando o punho direito para a frente, o braço quase estendido, no momento em que o punho esquerdo se abre e a mão chega à altura do quadril, com a palma virada para o alto [389].

Traga de volta o pé direito e leve-o para a frente, repetindo o tempo 18.

Tempo 105

Dê um passo com o pé esquerdo na mesma direção e repita o tempo 19.

SEQÜÊNCIA 83: TRAZER DE VOLTA E EMPURRAR (FECHAMENTO APARENTE) (ru feng si bi)

Tempo 106

Repita a seqüência 13.

SEQÜÊNCIA 84: CRUZAR AS MÃOS (shi zi shou)

Tempo 107

Repita a seqüência 14.

SEQÜÊNCIA 85: FECHAMENTO DO TAI JI (shou shi)

Tempo 108

Descruze as mãos e passe-as para a frente, à altura do ombros, mantendo o mesmo afastamento dos ombros, com os cotovelos flectidos. Deixe cair os cotovelos ao mesmo passo que os antebraços viram para dentro, o que leva as palmas das mãos a ficarem de frente para o solo.

Abaixe as mãos ao longo do corpo, com os dedos virados para o Norte, com a parte posterior das mãos ligeiramente marcada [401]. À medida que as mãos descem, o corpo volta a erguer-se. O Tai ji termina quando as mãos pendem natural e flexivelmente de uma parte e de outra das pernas, perto das coxas, com as palmas para trás, os dedos para baixo.

Reaproxime o pé esquerdo do direito [402]. Você tornará a encontrar-se na atitude da partida, de frente para o Norte, no mesmo lugar.

FIM DO GRANDE ENCADEAMENTO DO TAI JI

FOTO 16

DESENVOLVIMENTO
DO GRANDE ENCADEAMENTO

I) A TERRA

[1]   Preparação.
[2]   Abertura do Tai ji.
[3]   Agarrar a cauda do pássaro à esquerda.
[4]   Aparar (empurrar para o alto).
[5]   Puxar para trás.
[6]   Apoiar na frente.
[7]   Afastar as mãos e empurrar.
[8]   Chicote simples (virar o corpo numa única manobra).
[9]   Levantar as mãos.
[10]   A cegonha estende as asas.
[11]   Bater no joelho e girar à esquerda.
[12]   Tocar pipa.
[13]   Bater no joelho e girar à esquerda.
[14]   Bater no joelho e girar à direita.
[15]   Bater no joelho e girar à esquerda.
[16]   Tocar pipa.
[17]   Bater no joelho e girar à esquerda.
[18]   Golpear com o punho direito.
[19]   Dar um passo à frente, aparar e golpear com o punho.
[20]   Trazer de volta e empurrar (fechamento aparente).
[21]   Cruzar as mãos.

N.B. *Os tempos marcados com caracteres grifados correspondem aos movimentos que são novos respectivamente na segunda parte em relação à primeira, e na terceira em relação à segunda.*

Este quadro não leva em conta o reagrupamento de certo número de tempos em seqüências; estas foram distinguidas na descrição anterior e no sumário da obra.

II) O HOMEM

[22] *Acossar o tigre e trazê-lo de volta à montanha.*
[23] Aparar, puxar para trás, apoiar na frente, afastar as mãos e empurrar.
[24] *Chicote simples em diagonal.*
[25] *O punho debaixo do cotovelo.*
[26] *Recuar e repelir o macaco.*
[27] *Vôo em diagonal.*
[28] Erguer as mãos.
[29] A cegonha estende as asas.
[30] Bater no joelho e girar à esquerda.
[31] *A agulha no fundo do mar.*
[32] *Os braços em leque.*
[33] *Virar-se e dar um soco*
[34] Dar um passo à frente, desviar para baixo, aparar e dar um soco.
[35] Aparar, puxar para trás, apoiar na frente, afastar as mãos e empurrar.
[36] Chicote simples.
[37] *Agitar as mãos como nuvens.*
[38] Chicote simples.
[39] *Afagar o pescoço do cavalo.*
[40] *Separar o pé direito.*
[41] *Separar o pé esquerdo.*
[42] *Virar-se e desferir um golpe com o calcanhar.*
[43] Bater no joelho e girar à esquerda.
[44] Bater no joelho e girar à direita.
[45] *Dar um passo à frente e golpear com o punho para baixo.*
[46] Virar-se e dar um soco.
[47] Dar um passo à frente e dar um soco.
[48] *Desferir um golpe com o calcanhar direito para cima.*
[49] *Golpear o tigre à esquerda.*
[50] *Golpear o tigre à direita.*
[51] Desferir um golpe com o calcanhar direito para cima.
[52] *Golpear as orelhas do adversário com os punhos.*
[53] *Desferir um golpe com o calcanhar esquerdo para cima.*
[54] *Virar-se e dar um golpe com o calcanhar direito.*
[55] Golpear com o punho direito.
[56] Dar um passo à frente, aparar e dar um soco.
[57] Trazer de volta e empurrar (fechamento aparente).
[58] Cruzar as mãos.

III) O CÉU

[59]   Acossar o tigre e levá-lo de novo à montanha.
[60]   Aparar, puxar para trás, apoiar na frente, afastar as mãos e empurrar.
[61]   Chicote simples oblíquo.
[62]   *Separar a crina do cavalo selvagem, à direita.*
[63]   *Separar a crina do cavalo selvagem, à esquerda.*
[64]   *Separar a crina do cavalo selvagem, à direita.*
[65]   Agarrar a cauda do pássaro, à esquerda.
[66]   Aparar, puxar para trás, apoiar na frente, afastar as mãos e empurrar.
[67]   Chicote simples.
[68]   *A rapariga de jade tece e lança a naveta (1º canto).*
[69]   *A rapariga de jade tece e lança a naveta (2º canto).*
[70]   *A rapariga de jade tece e lança a naveta (3º canto).*
[71]   *A rapariga de jade tece e lança a naveta (4º canto).*
[72]   Agarrar a cauda do pássaro, à esquerda.
[73]   Aparar, puxar para trás, apoiar na frente, afastar as mãos e empurrar.
[74]   Chicote simples.
[75]   Agitar as mãos como nuvens.
[76]   Chicote simples.
[77]   *A serpente que rasteja.*
[78]   *O galo de ouro se mantém sobre um pé, à esquerda.*
[79]   *O galo de ouro se mantém sobre um pé, à direita.*
[80]   Recuar e repelir o macaco.
[81]   Vôo em diagonal.
[82]   Erguer as mãos.
[83]   A cegonha estende as asas.
[84]   Bater no joelho e girar à esquerda.
[85]   A agulha no fundo do mar.
[86]   Os braços em leque.
[87]   *A serpente branca dardeja a língua.*
[88]   Dar um passo à frente, desviar para baixo, aparar e desferir um soco.
[89]   Aparar, puxar para trás, apoiar na frente, afastar as mãos e empurrar.
[90]   Chicote simples.
[91]   Agitar as mãos como nuvens.
[92]   Chicote simples.
[93]   Afagar o pescoço do cavalo.
[94]   *A mão que fura.*
[95]   *Virar-se e cruzar as pernas.*
[96]   Dar um passo à frente e dar um soco para baixo.
[97]   Aparar, puxar para trás, apoiar na frente, afastar as mãos e empurrar.
[98]   Chicote simples.
[99]   A serpente que rasteja.
[100]   *Dar um passo à frente e formar as sete estrelas.*
[101]   *Recuar e cavalgar o tigre.*
[102]   *Virar-se e varrer o lótus.*
[103]   *Retesar o arco e atirar ao tigre.*
[104]   Golpear com o punho direito.
[105]   Dar um passo à frente, aparar e golpear com o punho.
[106]   Fechamento aparente.
[107]   Cruzar as mãos.
[108]   Fechamento do Tai ji.

REVISÕES E PORMENORES DO GRANDE ENCADEAMENTO

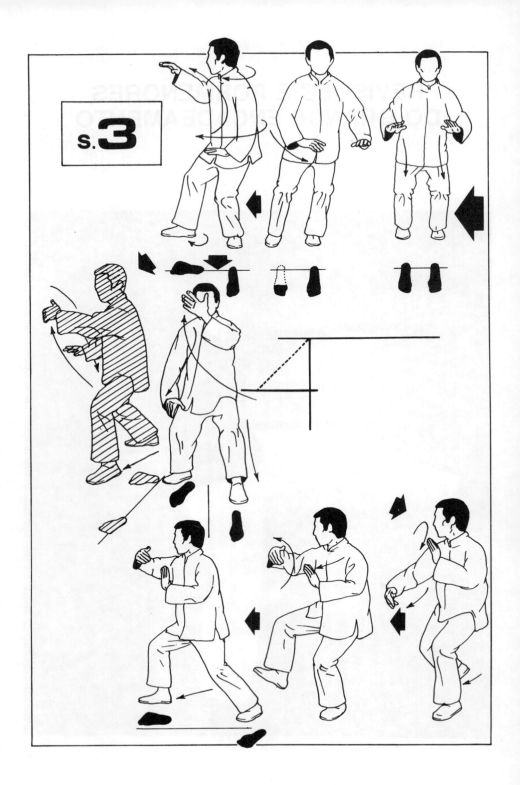

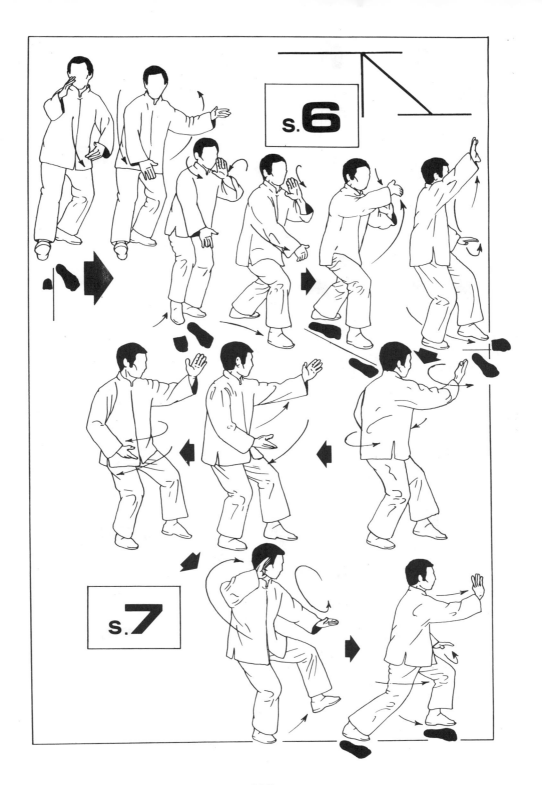

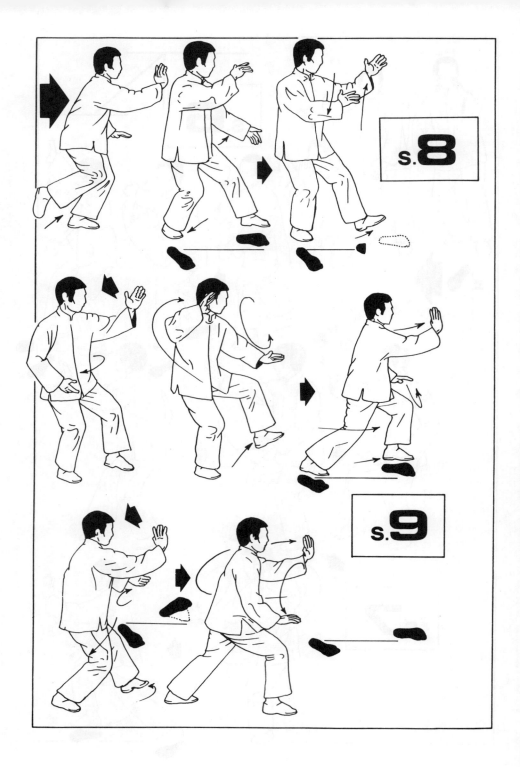

Note, neste forma de execução, a ação mais curta do punho direito por ocasião da fase "desviar para baixo" com o reverso do punho.

AS 24 FORMAS DE YANG MING SHI (YO MEIJI)

Faz uma dezena de anos que o Japão, terra das artes marciais nas quais se exprime uma violência às vezes dificilmente compreendida pelos ocidentais, descobriu as sutilezas da arte fluida do Tai ji quan. Dessa maneira, nos inúmeros *dojôs* (salas de treinamento) se pratica o Tai ji como complemento (ou isoladamente) das artes marciais clássicas, como o caratê, o judô ou o *aíkidô*. Numerosos especialistas do caratê se interessaram, aliás, por ele, praticam-no, ou melhor, atingiram grande proficiência em sua execução: assim os mestres Tadahiko Ohtsuka e Hirokazu Kanazawa, ambos 8º *Dan* de caratê, os quais, ao lado das técnicas de caratê, ensinam agora também o Tai ji quan.

O principal artífice desse desenvolvimento é o sr. Yang Ming Shi (ou Yo Meiji, em japonês), japonês de origem chinesa. Nascido em 1924, na província de Xansi, foi para o Japão depois da guerra e ali vive desde então. Mestre do estilo Yang de Tai ji, que se transmitiu de pai para filho em sua família, igualmente titular de um 5º *Dan* de caratê, Presidente da Associação Japonesa de Tai Ji e de Hachidankin (veja na terceira parte), ele ensina uma forma de Tai ji mais curta, mais concentrada (chamada *Taïkyokuken* no Japão) e que se dissemina cada vez mais atualmente, até na China Popular; ao Pequeno Encadeamento de Tai ji dá-se agora o nome de FORMA DE PEQUIM (veja à pág. 40).

As páginas seguintes ilustram-lhe o encadeamento. Essa forma curta contém apenas 24 formas maiores, divididas em 8 grupos (ou seqüências), que correspondem, com as repetições, a 34 movimentos em que se reconhecem os do Grande Tai ji; eis por que, em razão das semelhanças, e em que pese às diferenças nas particularidades e no encadeamento geral, não lhe retomaremos a descrição pormenorizada. Para os que desejarem conhecer as minúcias das técnicas, os Capítulos I e II se completam. Reveja outrossim as bases expostas no Capítulo III (primeira parte).

LEITURA DAS ESTAMPAS

— Os números em preto, de 1 a 8, indicam os grupos (ou seqüências).
— A numeração branca sobre um círculo de fundo preto indica o estágio inicial dos movimentos. Há 24 movimentos, alguns dos quais comportam diversas técnicas.
— As figuras enquadradas e numeradas de 1 a 34 indicam as técnicas individuais no estágio final.
— As flechas negras sublinham as modificações maiores no curso do movimento.
— As estampas lêem-se por faixas, da esquerda para a direita, e de cima para baixo.

Capítulo II

O PEQUENO ENCADEAMENTO
(FORMA DE PEQUIM)

MOVIMENTO PREPARATÓRIO (SHI ZI SHOU)

Pés afastados a uma distância igual à largura dos ombros, joelhos levemente dobrados, mãos naturalmente pendentes ao longo das coxas, palmas voltadas para trás, corpo relaxado. Levante as mãos e cruze-as diante do rosto num amplo movimento circular; depois retome a posição de origem, com o espírito em repouso.

PRIMEIRO GRUPO

1 — PREPARAR A FORÇA (QI SHI)

Levante as mãos à sua frente, à altura dos ombros, com as palmas viradas para o chão. A seguir, flexione mais os joelhos inclinando-se um pouco para a frente, ao mesmo tempo que deixa cair os cotovelos para baixo, o que acarreta o giro das palmas, que olham agora obliquamente para a frente. Mantenha os dedos ligeiramente dobrados, com os polegares virados para a frente. Conserve os dedos levemente dobrados, com os polegares afastados. Mantenha o tronco vertical e não afaste as nádegas [1].

2 — POR TRÊS VEZES, SEPARAR A CRINA DO CAVALO SELVAGEM (ZUO YOU YE MA FEN ZONG)

— Gire o tronco para a direita e faça incidir o seu peso sobre o pé direito, enquanto você acompanha o movimento com a mão esquerda, que se vira com a palma para o alto e vem ficar, com um movimento circular, debaixo do cotovelo direito. O olhar segue a mão esquerda. Encoste a ponta do pé esquerdo no calcanhar direito.

155

— Gire o tronco para a esquerda e dê um passo com o pé esquerdo, acionando primeiro o calcanhar, para a esquerda. Flexione progressivamente para a frente a perna esquerda[1] enquanto puxa as mãos no sentido inverso: a mão esquerda parte diagonalmente para o alto, com a palma virada para cima, os dedos chegando à altura dos olhos (que seguem o movimento) ao passo que a mão direita desce até a coxa direita, com a palma obliquamente para trás. [2]

— Transfira o centro de gravidade para o pé direito e endireite um pouco a bacia, o que lhe permite girar o pé esquerdo, sobre o calcanhar, para fora. Faça o seu peso incidir sobre esse pé, que se firma no chão, e dê um passo com o pé direito diagonalmente para a frente, à direita. Ao mesmo tempo, separe as mãos em sentido contrário: a mão direita, que passou para a nádega esquerda, virando-se com a palma para o alto, parte para cima, ao passo que a mão esquerda, cuja palma se voltou para baixo, desce até a coxa esquerda; o olhar fita-se na mão direita [3].

— Da mesma maneira, dê um passo à frente com o pé esquerdo, sobre a linha do calcanhar direito, e separe as mãos [4] com em [2].

3 — A GARÇA REAL BRANCA ESTENDE AS ASAS (BAI HE LIANG CHI)

Dê um meio passo deslizado com o pé direito, paralelo a si mesmo, para o esquerdo, depois traga de volta um pouco este último para a ponta. O centro de gravidade permanece sobre a perna direita. Simultaneamente, a mão direita sobe, descrevendo um arco de círculo, e volta-se, com a palma virada para o lado direito da cabeça, ao passo que a mão esquerda, com a palma virada para baixo, vira e bate no joelho esquerdo de fora para dentro [5].

SEGUNDO GRUPO

4 — POR TRÊS VEZES, AVANÇAR E BATER NO JOELHO (ZUO YOU LOU XI YAO BU)

— Leve o braço direito, com o cotovelo dobrado, descrevendo um arco de círculo, para trás, à direita, e faça a mão direita (acompanhada pelo olhar) subir até acima do ombro direito, com a palma virada para a frente. Simultaneamente, faça a mão esquerda subir de novo para o peito, com a palma virada para você.

— Avance com o pé esquerdo, virando o corpo para a esquerda e, ao passar flexionado para a frente, bata no joelho esquerdo empurrando com a mão direita para a frente, com a palma virada para baixo e o olhar fito no indicador direito. Conserve os dedos distendidos [6].

— Gire com o pé esquerdo para fora e dê um passo com o pé direito girando a cintura para a esquerda; em seguida, bata com a mão direita e empurre com a esquerda [7].

— Gire com o pé direito para fora e avance o pé direito repetindo o tempo [6].

---

1. O sr. Yo Meiji acentua muito pouco a flexão para a frente, mantendo o joelho de trás muito dobrado. É a sua forma pessoal que aqui se ilustra. Atualmente, os praticantes da "forma de Pequim" baixam ainda mais o centro de gravidade (como nos desenhos do Grande Encadeamento).

159

5 — TOCAR A GUITARRA CHINESA (SHOU HUI PI PA)

Faça o pé direito escorregar sobre os dedos na distância de meio passo e na direção do pé esquerdo, com o joelho flexionado. Erga o calcanhar do pé esquerdo, depois balance o tornozelo de modo que só toque o solo com o calcanhar esquerdo (que retoma contacto com o solo deslizando um pouco para a frente).

Simultaneamente, faça subir a mão esquerda, descrevendo um arco de círculo, até a altura do queixo, com os dedos para a frente, e a mão direita no nível do cotovelo esquerdo, com a palma virada para ele. O olhar se concentra na mão esquerda [9].

6 — POR QUATRO VEZES, VIRAR O TRONCO E DERRUBAR PARA TRÁS (DAO JUAN GONG)

O movimento corresponde a "recuar e repelir o macaco" (seqüência 17 do Grande Tai ji, à qual nos reportaremos, mas aqui a seqüência termina quando a mão esquerda está na frente). Faça que os braços se movam descrevendo arcos de círculo, que se dobre bem o joelho da perna de apoio ao recuar, que se erga o joelho da perna que recua. O olhar acompanha a retirada da mão, e, em seguida, o seu empurramento para a frente, ao mesmo passo que giram a cintura e a cabeça [11 a 13].

TERCEIRO GRUPO

7 — AGARRAR A CAUDA DO PÁSSARO À ESQUERDA (ZUO LAN QUE WEI)

O movimento corresponde a *"pen"* esquerdo (seqüência 3 do Grande Encadeamento) a que se junta a ação de "empurrar para cima, puxar para trás, apoiar na frente, afastar as mãos e empurrar", tudo sobre a perna esquerda, enquanto que, no Grande Encadeamento, essa ação se pratica sempre sobre a perna direita à frente. O jogo de giro da cabeça e da cintura, assim como o movimento de trás para a frente da bacia são os mesmos [14].

8 — AGARRAR A CAUDA DO PÁSSARO À DIREITA (YOU LAN QUE WEI)

Faça girar a ponta do pé direto para fora, depois vire o corpo para a direita, descrevendo um grande arco de círculo com a mão direita até a altura do ombro direito e fazendo girar a ponta do pé esquerdo para dentro, depois deixe cair o seu peso sobre a perna esquerda para dar um passo com o pé direito na direção oposta à posição anterior. Repita a ação *"pen"* direito seguida de "empurrar para cima, puxar para trás, apoiar na frente, afastar as mãos e empurrar" clássico no Grande Encadeamento (seqüência 3).

163

QUARTO GRUPO

9 — CHICOTE SIMPLES (DAN BIAN)

Repita a seqüência 4 do Grande Encadeamento. Diligencie não somente virar a palma da mão esquerda para fora no momento de passar à frente flexionando a perna esquerda, mas também completar a ação com um empurrão final da palma da mão para a frente [16].

10 — AGITAR AS MÃOS COMO NUVENS (YUN SHOU)

Repita a seqüência 28 do Grande Encadeamento. Há deslocamento paralelo do pé direito para a esquerda três vezes [17, 18 e 19]. A série termina com as mãos à esquerda [19].

11 — CHICOTE SIMPLES (DAN BIAN)

Repita o movimento 9, acima [20].

QUINTO GRUPO

12 — AFAGAR O PESCOÇO DO CAVALO (GAO TAN MA)

Repita a seqüência 30 do Grande Encadeamento. O movimento, no entanto, vai mais longe nessa seqüência da "forma de Pequim": depois que a palma da mão direita tomar contacto com o pescoço do cavalo, a mão esquerda é empurrada para a frente e para cima, enquanto está voltada para a frente (ela desliza, a princípio, com a palma para cima, ao longo do antebraço esquerdo). As mãos se separam quando a esquerda chega ao nível do punho direito, ao mesmo tempo que você ergue o joelho esquerdo e se equilibra sobre a perna direita, com o joelho dobrado [21].

13 — DESFERIR UM GOLPE COM O CALCANHAR DIREITO (YOU DENG JIAO)

Descanse o pé esquerdo, acionando primeiro a ponta para fora; a seguir, transferindo o seu peso para a perna esquerda, leve a perna direita para a frente efetuando dois arcos de círculo com as mãos, de uma parte e de outra do corpo, o que faz que elas se cruzem diante do peito, com as palmas viradas para você, a mão direita à frente, no instante em que a ponta do pé direito roça o solo um pouco à frente do pé de apoio. Bata com o calcanhar direito à frente, afastando as mãos [22]: a figura hachurada ilustra a técnica vista do outro lado).

14 — GOLPEAR AS ORELHAS DO ADVERSÁRIO (SHUANG FENG GUAN ER)

Repita a seqüência 41 do Grande Encadeamento, mas na mesma direção do pontapé precedente. Aliás, o sr. Yo Meiji mal aperta as mãos. [23].

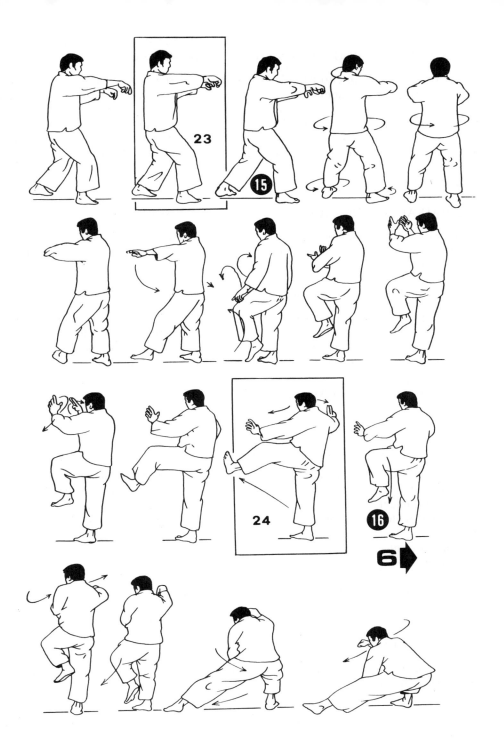

15 — VIRAR O CORPO PARA A ESQUERDA E DESFERIR UM GOLPE COM O CALCANHAR ESQUERDO (ZHUAN SHEN ZUO DENG JIAO)

Gire a ponta do pé direito para dentro e transfira o seu peso para a perna direita, virando o corpo para a esquerda, enquanto os braços acompanham com um movimento de balancins na horizontal, com os cotovelos dobrados. Levante o joelho esquerdo cruzando as mãos diante do peito, com as palmas viradas para você, a mão esquerda à frente, e desfira um golpe com o calcanhar esquerdo no mesmo eixo do anterior, mas na direção contrária, separando as mãos (24: corresponde à seqüência 32 do Grande Encadeamento).

SEXTO GRUPO

16 — ABAIXAR A FORÇA À ESQUERDA (ZUO XIA SHI DU LI)

Esse movimento corresponde às duas seqüências reunidas 77 e 78 do Grande Encadeamento ("a serpente que rasteja" e "o galo de ouro se mantém sobre o pé esquerdo"), mas na direção oposta (25: a figura hachurada mostra a técnica final de frente).

17 — ABAIXAR A FORÇA À DIREITA (YOU XIA SHI DU LI)

Pouse o pé direito e vire o corpo para a esquerda, acompanhando o movimento com uma varredura horizontal da mão direita, até o ombro esquerdo e tornando a levantar a mão esquerda em posição "pendente". A seguir, execute a "serpente que rasteja" descendo sobre a perna esquerda (simétrica do movimento precedente, que não existe no Grande Encadeamento) antes de se levantar sobre a perna direita para fazer "o galo de ouro se mantém sobre o pé direito".

SÉTIMO GRUPO

18 — MEXER À DIREITA E À ESQUERDA (ZUO YOU CHUAN SUO)

Pouse o pé esquerdo, com a ponta um pouco para fora e avance obliquamente o pé direito para a frente e para a direita. Execute o tempo 70 e, em seguida, o tempo 68 do Grande Encadeamento ("a rapariga de jade tece e lança a naveta"):
— para a frente e para a direita [27] levantando a mão direita e empurrando com a esquerda,
— para a frente e para a esquerda [28] levantando a mão esquerda e empurrando com a direita.

19 — A AGULHA NO FUNDO DO MAR (HAI DI ZHEN)

Execute a seqüência 22 do Grande Encadeamento, mas na direção oposta [29].

20 — AS MÃOS EM LEQUE (SHAN TONG BEI)

Repita a seqüência 23 do Grande Encadeamento (30: a figura hachurada mostra a técnica vista de frente).

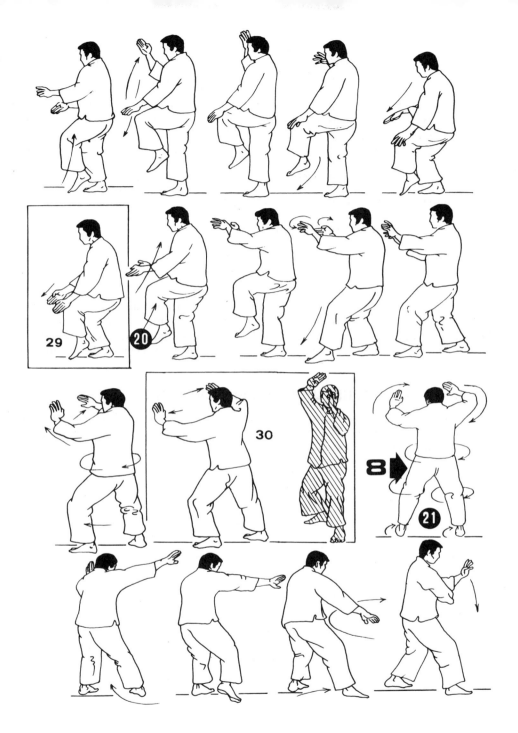

OITAVO GRUPO

21 — VIRAR GOLPEANDO COM O PUNHO, DAR UM PASSO À FRENTE, APARAR E GOLPEAR COM O PUNHO (ZHUAN SHEN BAN LAN CHUI)

Faça incidir o seu peso sobre a perna esquerda e gire para trás e para a direita, a fim de você se reencontrar no mesmo eixo do movimento anterior, porém no sentido contrário. Execute a seqüência 12 do Grande Encadeamento (31: a figura hachurada ilustra a técnica final vista de frente).

22 — TRAZER DE VOLTA E EMPURRAR (RU FENG SHI BI)

Execute a seqüência 13 do Grande Encadeamento [32].

23 — CRUZAR AS MÃOS (SHI ZI SHOU)

Execute a seqüência 14 do Grande Encadeamento [33].

24 — RETOMAR A FORÇA (SHOU SHI)

Vire a palma das mãos para fora, abaixe as mãos descrevendo largos arcos de círculo de um lado e de outro do corpo e junte as mãos diante do abdome, à maneira da meditação Zen (pontas dos polegares em contacto e dedos esquerdos repousando sobre os dedos da mão direita. As duas mãos se encurvam ligeiramente). Relaxe. Depois, deixe cair naturalmente as mãos [34].

CONSELHOS AOS PRINCIPIANTES

Não deve haver nenhum corte entre os 24 movimentos; passe harmoniosamente de um para o outro. O todo deve dar a impressão de um fluxo contínuo que leva, aproximadamente, dez minutos. Reveja também o Capítulo I.

175

3
JI BEN DONG ZUO
(OS EXERCÍCIOS DE BASE)

ji ben = fundamental

dong zuo = exercício

Deixamos propositadamente para o fim do volume estes "exercícios básicos", primeiro para não retardar o leitor no seu descobrimento do Tai ji propriamente dito (seqüências de movimentos) mas também, e sobretudo, porque a expressão ocidental "exercícios básicos" não dá mais que um sentido demasiado fraco (e até pejorativo) ao que constitui um verdadeiro trabalho em profundidade. Os movimentos apresentados nas páginas seguintes são, ao mesmo tempo, uma introdução ao estudo do Tai ji propriamente dito (na realidade, nós os aprendemos primeiro, como primeira fase de estudo, antes de abordar o encadeamento dos *duan,* antes e depois dos quais os retomamos, sistematicamente, a título de exercícios de "aquecimento" ou descontração) e técnicas que apresentam por si mesmas um interesse evidente; e, nesse sentido, elas podem ser trabalhadas e aprofundadas independentemente de todo o resto. Elas nos permitem adquirir flexibilidade e estabilidade, descontração mental, desenvolvimento da energia vital através da concentração sobre o Campo do Cinabre Inferior (*dantian*) por intermédio do sopro (respiração abdominal). Numerosos tipos de exercícios seguem nesse rumo, de acordo com as escolas e os mestres de Tai ji.

Eis aqui dois capítulos consagrados a duas famílias de exercícios muito conhecidos dos praticantes de Tai ji, que você poderá descobrir ou rever pela imagem.

As páginas seguintes tratam de alguns exercícios básicos que podem ser praticados em três níveis:

— como exercícios preparatórios ou complementares do Grande Encadeamento ou do Pequeno Encadeamento de Tai ji, sendo os mesmos os princípios e os fins;

— como ginástica médica, que é perfeitamente possível praticar independentemente, para nos defendermos e preservar a saúde;

— como primeiro enfoque da arte do *Qi gong (Chi kung),* que consiste em desenvolver a energia interna por intermédio do domínio da respiração.

CAPÍTULO I

BA DUAN JIN
(OS 8 EXERCÍCIOS DE SAÚDE)

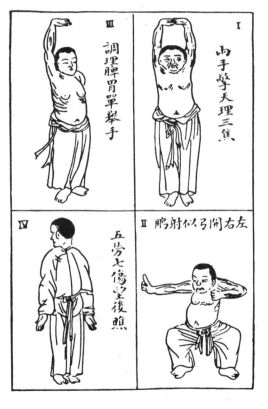
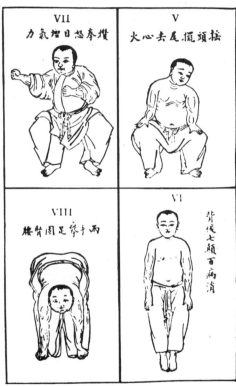

Na verdade, trata-se sempre de Tai ji. A mesma flexibilidade e ligeireza de movimentos, harmonia, unidade e coerência no desenvolvimento, redondez dos gestos, a mesma vacuidade mental, a mesma concentração numa respiração abdominal e natural. Os exercícios do *Ba duan jin* (*Pa tuan chin,* ou *Hachidankin* em japonês) existem na China há várias centenas de anos e sua origem deve ser procurada nos exercícios de ginástica taoísta, como o demonstram antigas figuras que chegaram até nós. Aqui estão as oito séries (*Ba duan jin* pode traduzir-se por "as oito peças de brocado": referência aos velhos chineses que comparavam uma longa vida ao brilho e à delicadeza de um rico tecido de seda), como as ensina o sr. Yo Meiji no Japão como complemento do seu *Taïkyokuken*. Contrastando com o Tai ji propriamente dito, que foi nos seus primórdios uma arte marcial, esses exercícios foram, outrora, desenvolvidos no nível do povo: nele se encontra uma espécie de resumo da ciência ancestral chinesa do corpo humano e da sua saúde. Está visto que existe uma quantidade de variações de acordo com as escolas, como também formas na posição sentada, que não abordaremos neste livro, uma vez que sua descrição é mais complexa.

É fácil praticar esses exercícios a sós, alguns minutos por dia, de manhã e à noite, muito regularmente e sem forçar. Recomenda-se também repetir as oito séries completas antes e depois da execução do Grande e do Pequeno Encadeamento de Tai ji (ou, de um modo geral, no princípio e no fim de todo treinamento físico intenso). Procure um lugar calmo e trabalhe ao ar livre (a floresta é um lugar ideal) todas as vezes que for possível. Fisiologicamente, os maiores benefícios para o corpo se obtêm quando se pratica ao despontar e ao pôr-do-sol. O *Ba duan jin* é uma higiene corporal e mental completa; proporciona, notadamente, descanso para o sistema nervoso (antiestresse), previne as enfermidades do sistema digestivo, fortifica o sistema cardiovascular, evita a arteriosclerose, a tuberculose, etc.

FOTO 17. — *O sr. Yo Meiji e Sensei Tadahiko Ohtsuka, que lecionam em Tóquio*

- *Leitura das estampas*
— Os quadrados pretos, seguidos de uma flecha preta, representam os tempos de inspiração.
— Os quadrados brancos, seguidos de uma flecha branca, representam os tempo de expiração.
— As séries lêem-se por faixas, da esquerda para a direita e de cima para baixo.
N.B. *Pratique inspirações e expirações iguais (cerca de 8 segundos). Respire pelo nariz, com a boca fechada sem contração. Exercite-se, a princípio, em fazê-lo de pé, numa atitude natural; depois, quando se sentir inteiramente calmo, inicie muito devagar e com concentração total a série dos oito exercícios.*
Em regra geral, INSPIRE quando levantar os braços, quando levar os braços ao longo do corpo, quando esticar as articulações e EXPIRE quando abaixar os braços, quando os afastar do corpo, quando dobrar as articulações.

EXERCÍCIOS PREPARATÓRIOS

a) LIEH CHAN (o Zen de pé): permaneça de pé, em posição natural, com os pés afastados um do outro a uma distância equivalente à largura dos ombros, e paralelos. Dobre levemente os joelhos, sem exagerar. Deixe os braços pendentes, com as palmas das mãos voltadas para trás, os olhos semicerrados, e concentre-se no ponto *tan tien* (centro de gravidade). Descontraia os ombros. Respire o mais calma e igualmente que lhe for possível, diminuindo, em caso de necessidade, progressivamente, o ritmo; respire "pelo ventre".

b) SOWAI SHOU (balançar as mãos): por meio de uma rotação dos quadris para a direita e para a esquerda, imprima às mãos movimentos pendulares, levando-as longe, atrás de você. Descontraia ombros e braços, e deixe virarem livremente os quadris. Mexa-se como se toda a força o tivesse abandonado. A cabeça acompanha os movimentos.

PRIMEIRO EXERCÍCIO

(SUANG SHOU TOU TIEN LI SAN ZIAO)

— De uma posição natural de pé, cruze os dedos diante do abdome com as palmas das mãos viradas para cima.
— Com ombros e cotovelos bem descontraídos, erga as mãos (foto 18) à altura do queixo, com as palmas viradas na sua direção; depois torne a abaixá-las até voltarem à posição de partida (foto 19).
— Num segundo tempo, levante as mão diante de você, mas num movimento circular, levando-as diretamente para cima da cabeça, com os braços semidobrados e as palmas viradas para cima.
— Afaste as mãos e traga-as de volta para baixo descrevendo um arco de círculo.

(Facilita a digestão e desenvolve os abdominais.)

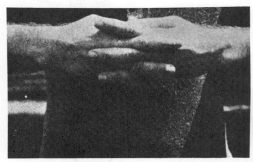

FOTO 18

FOTO 19

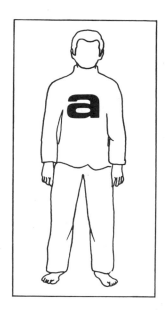
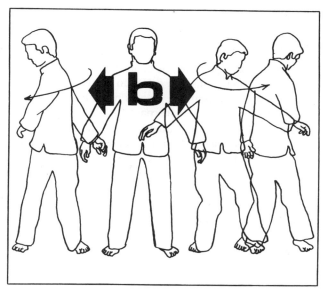
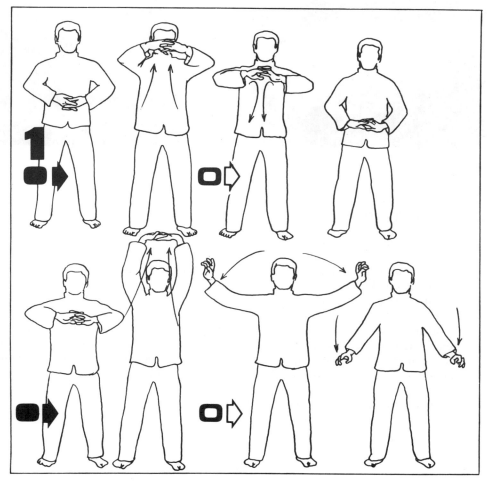

SEGUNDO EXERCÍCIO

(TSO YU KAI KUNG SSU SHE JAO)

— Afaste mais os pés, com os dedos voltados para fora e dobre mais os joelhos (posição abaixada), mas conserve o tronco vertical e contraia as nádegas.
— Sem contrair os ombros, leve as mãos e os punhos flexíveis à altura do peito (cotovelos horizontais voltados para fora).
— Vire a cabeça para a esquerda e estique o braço esquerdo na linha dos ombros formando um V com o dedo indicador e o dedo médio, ao passo que o polegar repousa sobre o anular e o auricular dobrados (foto 21).
— A mão direita continua na posição precedente, a uns dez centímetros do peito (foto 20).
— A mão esquerda volta para o centro. Execute, em seguida, o mesmo gesto com a mão direita, a esquerda permanecendo no lugar (não ilustrado).

(Ativa a circulação, descontrai braços, ombros e peito.)

FOTO 20

FOTO 21

TERCEIRO EXERCÍCIO

(TIAO LI PI WEI SHU TAN CHU)

— De pé, em posição natural, vire as palmas para cima e erga as mãos à sua frente até a altura dos ombros.
— A seguir, dobrando os cotovelos, torne a virar as palmas para baixo e abaixe as mãos diante do peito.
— Daí abaixe a mão direita até a posição de origem e levante a esquerda, num movimento circular, trazendo-a para cima da cabeça (com a palma virada para o alto. Pare de inspirar e comece a expirar) depois para baixo, voltando à posição de origem.
— Retome o movimento, mas fazendo a rotação da mão direita.

(Facilita a digestão e alivia os males do estômago.)

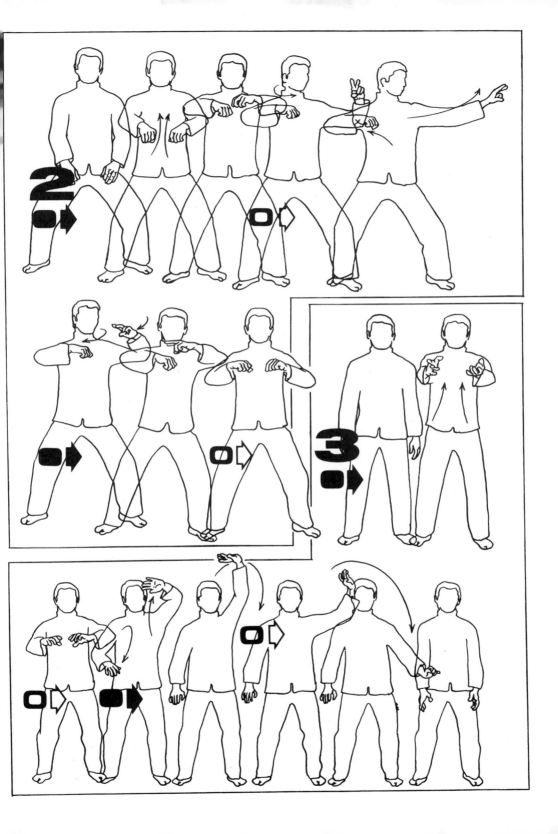

QUARTO EXERCÍCIO

(WU LAO CHI SHANG WANG HOU CHIAO)

— De pé em posição natural, muito descontraído, erga as mãos e traga-as de volta à altura do peito como no exercício anterior (mas, nesse estágio, vire a cabeça para a esquerda).
— Em seguida, abaixe de novo lentamente as mãos no mesmo plano, com as palmas viradas para baixo e depois para trás, sem mexer a cabeça.
— Torne a levar pela segunda vez as mãos ao peito, depois vire a cabeça para a frente abaixando de novo as mãos.
— Retome o exercício desde o princípio, com giro da cabeça para a direita.

(Excelente movimento de revigoração geral.)

QUINTO EXERCÍCIO

(YAO TOU FAI WEI CHU HSIN HUO)

— Retome a posição abaixada do exercício 2, com as mãos repousando sobre as coxas e as palmas viradas para trás.
— Vire o alto do corpo, como se fosse uma unidade, para a direita, conservando as costas bem retas, e dobrando o cotovelo direito. O busto inclina-se igualmente para a frente, o que faz que o peso do corpo incida sobre a perna direita. Mas não relaxe a posição do joelho esquerdo.
— Volte ao centro mantendo a inclinação do torso para a frente.
— E prossiga na rotação para a esquerda.
— Volte ao centro antes de reerguer-se.

(Reduz o estresse. Fortifica as pernas.)

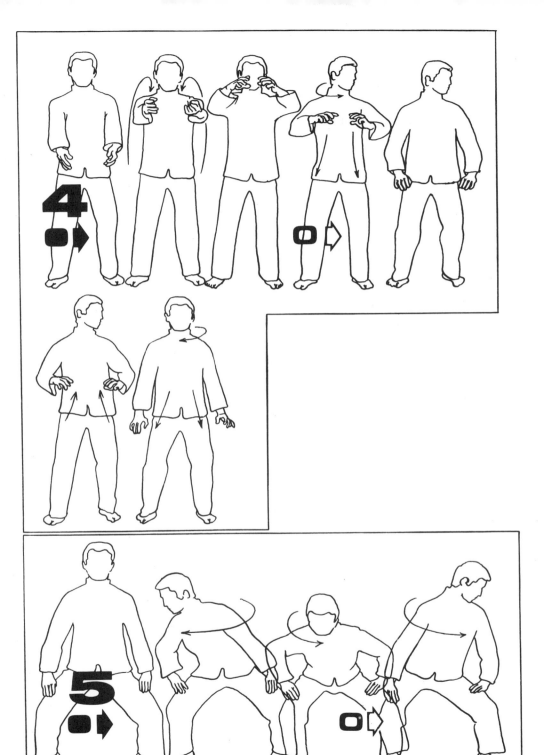

SEXTO EXERCÍCIO

(LIANG SHOU BAN TSU KU SHION YAO)

— De pé, na posição natural, mas com os joelhos mais flexionados, erga as mãos verticalmente acima da cabeça quando você se reerguer.
— A seguir, incline-se para a frente, com as costas bem arqueadas, e agarre os tornozelos.
— Torne a erguer-se.

(Fortifica as pernas. Descontrai o torso. Combate a constipação.)

SÉTIMO EXERCÍCIO

(TSAN CHUAN NU MU TSENG CHI LI)

— Retome a posição abaixada dos exercícios 2 e 5, com o torso reto.
— Feche as mãos (mas não aperte os punhos) e traga-as à altura do peito, ficando os cotovelos horizontais e dobrados.
— Estenda o punho esquerdo diagonalmente para a frente e siga-o com o olhar, ao mesmo tempo que o punho direito permanece na sua posição.
— Traga de volta o punho e o olhar à sua frente.
— Abra as mãos e levante as palmas para o alto, com os braços semidobrados, acima da cabeça, antes de trazê-los de volta, num movimento circular, para baixo, de cada lado do corpo.
— Retome o mesmo exercício, mas estendendo o punho direito.

(Reduz a tensão.)

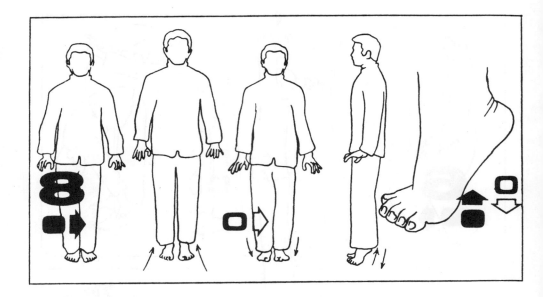

OITAVO EXERCÍCIO

(PEI HOU CHI TIEN PING HSIAO)

— Você está de pé, com os pés juntos, as palmas das mãos viradas para baixo e os dedos virados para a frente.
— Levante-se sobre os dedos dos pés, e, enquanto mantém o equilíbrio, erga os calcanhares cada vez mais alto. Concentre-se no abdome e contraia as nádegas.
— Em seguida, volte a cair pesadamente ao chão, descontraindo-se.
— O alto do corpo não se mexe durante o exercício.

(Fortifica as pernas e ativa-lhes a circulação.)

N.B. *Cada um desses exercícios pode ser repetido em seguida quantas vezes você quiser, mas respeite a ordem da série.*
O essencial consiste em praticá-los um pouco todos os dias, como higiene fundamental.

"A finalidade das artes marciais é fazer que cada um utilize sua competência para aprimorar o mundo e o homem, na base de um corpo sadio num espírito são. Todos nós, enquanto verdadeiros budokas, devemos, portanto, tentar chegar a um nível elevado, indo além da diferença dos estilos ou das técnicas guardadas ciumentamente em segredo."

Sr. YANG MING SHIH

CAPÍTULO II

INTRODUÇÃO AO SHI SHAN SHI (AS 13 POSTURAS)

Consoante a lenda, a verdadeira criação de Chan San-feng (veja na primeira parte), que se tornará a base da velha escola *Yang (Lao jia)*, e que nada tem que ver com o Grande Encadeamento do Tai ji tal qual o conhecemos atualmente, teria consistido numa série de encadeamentos conhecidos pelo nome de "as 13 posturas" *(Shi shan shi)*. Considera-se o *Shi shan shi* a síntese dos movimentos essenciais do Tai ji quan e a velha escola *Yang (Lao jia)* continua a ensiná-lo aos principiantes antes de deixá-los passar para a aprendizagem dos *duan* (seqüências). Com efeito, ali se encontra todo o Tai ji quan. Ele é constituído de 3 seqüências de movimentos, que se repetem nas 4 direções cardeais (3 x 4 = 12), às quais é mister acrescentar a posição de partida, que é também a do fim, concebida como a posição central (12 + 1 = 13). As páginas seguintes apresentam as técnicas-chave das duas primeiras seqüências como introdução a um capítulo complexo e pouco conhecido do Tai ji quan, que não podemos desenvolver mais nesta obra. Nelas encontramos movimentos conhecidos mas também formas de posição próprias da *Lao jia*; como, por exemplo, a maneira de fazer incidir o peso do corpo sobre a perna sem passar flexionado para a frente, mas levantando, pelo contrário, um pouco o calcanhar dianteiro! Posição pouco evidente mas muito realista (possibilidade de esquivar-se a uma varredura do pé que está à frente) e que lembra a preocupação da antiga forma de Tai ji quan (a aplicação ao combate). Voltamos a encontrar os mesmos processos nos três *duan* da *Lao jia,* mas eles desapareceram na *Xing jia*.

FOTO 22

FOTO 23

FOTOS 22 e 23. — *O sr. Wang Yen Nien, que leciona em Taipei, é um dos últimos mestre de Lao jia (velha escola) ainda praticada em Taiwan. Aqui em duas figuras do Shi shan shi*

FOTO 24. — *A posição de partida "Sentada", com as mãos para frente, o corpo reto, os joelhos flexionados, a concentração em dan tian (exercício de enraizamento no chão)*

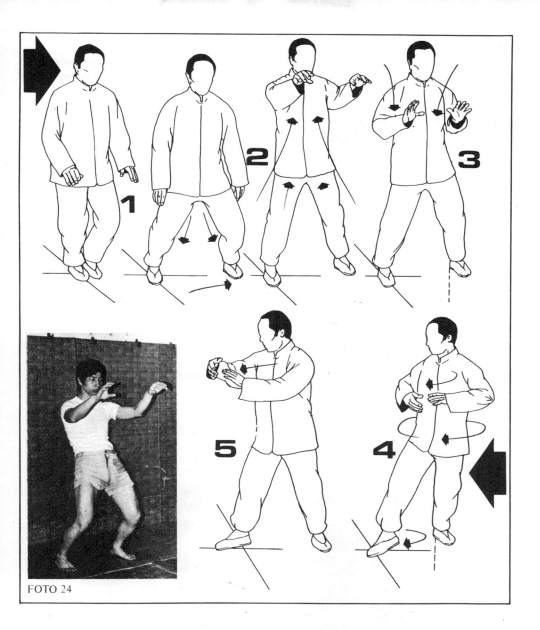

FOTO 24

PRIMEIRA SEQÜÊNCIA

1 a 3: ZHAN ZHUANG SHI

Posição de partida (1: inspiração e depois expiração. 2: inspiração. 3: expiração). O afastamento das mãos deve ter a largura dos ombros e dos pés. A bacia é recolhida, o abdome relaxado, a cabeça muito ligeiramente inclinada para a frente. Abaixar as mãos ao longo do corpo.

4 a 5: YOU ZHUAN SHEN PENG SHOU

Pé direito no alinhamento do calcanhar esquerdo, 70% do peso do corpo sobre o pé que fica para trás. Aniquilar a potência de um empurrão de frente absorvendo-o, depois aproveitar o desequilíbrio do adversário para repeli-lo.

6 a 8: YOU LAN QUE WEI

Inspirar em 6 e 7. A mesma relação de peso do estágio precedente. Os pés formam um ângulo de aproximadamente 80°. É uma esquiva circular para o exterior a um ataque do punho direito no nível do peito. Começar a expirar em 8.

9 a 15: RU FENG SI BI

9: fim da expiração. Repelir com as "mãos coladas", 70% do peso do corpo incidindo sobre o pé esquerdo.

10: inspirar com o início de um recuo e esquivar-se de um empurrão. A cintura gira um pouco para a direita, mas o pé direito permanece no lugar. 90% do peso do corpo incide sobre o pé esquerdo. O olhar concentra-se no braço direito.

11 e 12: expirar. Movimento de empurrão com a mão esquerda, ao passo que a mão direita vem ficar debaixo do cotovelo. O peso do corpo passa a ser de 90% sobre a perna esquerda. É uma esquiva a um agarramento-empurrão com as duas mãos, enquanto o praticante descruza os braços e senta-se sobre a perna que ficou para trás, a fim de absorver a força adversa.

14 e 15: repelir o ataque expirando (avançar o pé direito).

16 a 20: *ZUO ZHUAN SHEN PENG SHOU*

21 a 24: *ZUO LAN QUE WEI*

25 a 29: *RU FENG SI BI*

FOTOS 25 e 26: *Todas as técnicas do Shi shan shi, e, em geral, do Lao jia Tai ji quan são, praticamente, aplicáveis de modo direto em combate. O sr. Wang Yen Nien faz uma demonstração de esquiva e contra-ataque com a palma da mão*

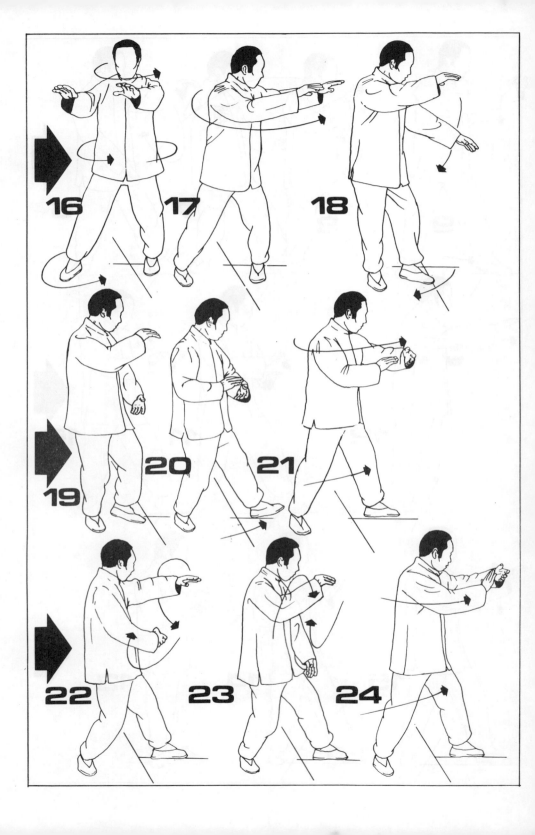

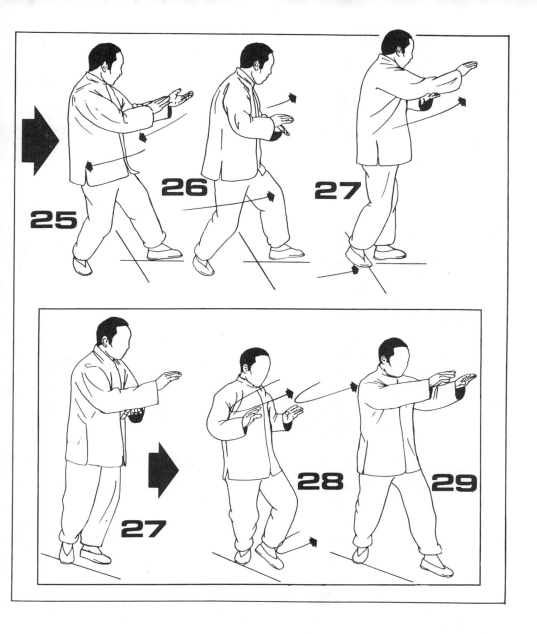

(De 16 a 29, o mesmo encadeamento que se vê de 1 a 15, mas para a esquerda.)

N.B.   *YOU — direita*
  ZUO — esquerda
  ZHUAN SHEN — virar o corpo

IMPORTANTE: Procure sempre conservar o alinhamento do eixo do pé da frente com o calcanhar do pé de trás, e um ângulo de 80° entre os dois pés.

SEGUNDA SEQÜÊNCIA

1 a 4: SHANG BU CAI SHOU

Faz-se o peso do corpo passar da perna direita, que está atrás, para a esquerda, descrevendo um arco de cerca de 90° em relação ao último movimento da primeira seqüência. De 1 a 4 o praticante se esquiva com a mão esquerda a um ataque do punho adversário e contra-ataca com a mão direita. 70% do peso do corpo incidem, nesse momento, sobre a perna esquerda.

Inspira-se de 1 a 3, e expira-se em 4.

5 a 8: LOU XI AO BU

Abaixando o centro de gravidade do corpo, e depois tornando a erguê-lo, esquiva do braço direito a um ataque do punho adversário e contra-ataque com a mão esquerda (esta deve roçar a orelha ao passar de trás para a frente). Note que o peso do corpo passa progressivamente para o pé direito, assim como o pé esquerdo avança na direção do movimento da mão esquerda. A mão direita pende naturalmente ao lado do corpo.

Inspiração em 5 e expiração de 6 a 8.

9 a 12: SHOU HUI PI PA

O corpo sai do eixo em relação a um ataque do punho adversário que visa o peito (9, o pé esquerdo passa atrás do direito). O praticante apara agarrando o punho adversário com a mão esquerda e puxando para trás. Essa técnica é reforçada pelo movimento de apoio sobre o braço adversário com a ajuda da mão direita. Tendo sido desequilibrado por essa tração, o adversário é enviado de novo para a frente por um movimento girante da cintura, reforçado por um passo à frente dado com o pé direito. A mão direita, que representa aqui o papel mais importante, vai na mesma direção.

Inspiração de 9 a 11 e expiração em 12.

De 12 a 13 o corpo efetua um giro de 180°, a fim de retomar o mesmo encadeamento na direção oposta (até 22).

Os desenhos 23 a 28 correspondem às técnicas 5 a 12, vistas de frente, e o tempo 29 corresponde ao tempo 13 (rotação para a execução da mesma série em 180°).

N.B. *Os desenhos dessas estampas não representam mais do que duas séries efetuadas de um lado e do outro, depois de uma rotação de 180°, cada qual ilustrada duas vezes, uma de costas e outra de frente. O conjunto da seqüência é constituído de quatro vezes o desenvolvimento 2 a 12 nas quatro direções cardeais.*

FOTO 27   FOTO 28

FOTOS 27 e 28: *O sr. Wang Yen Nien faz uma demonstração do LOU XI AO BU [6] e de sua aplicação*

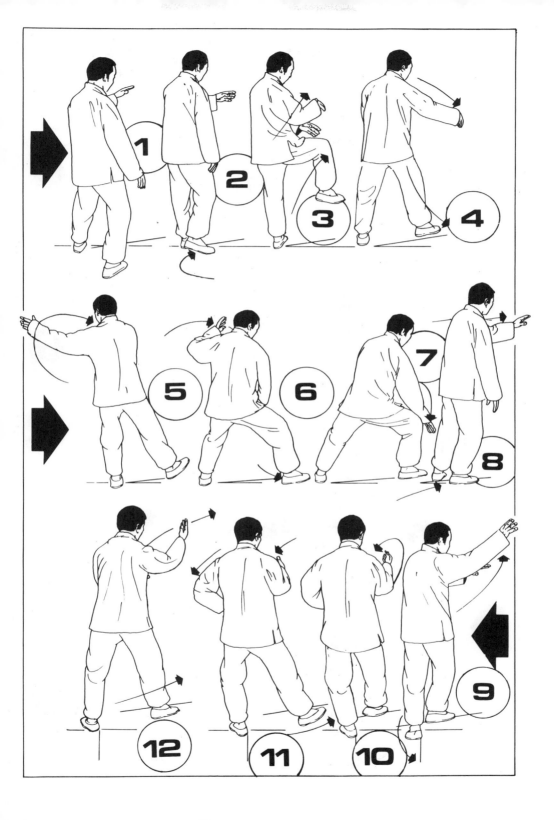

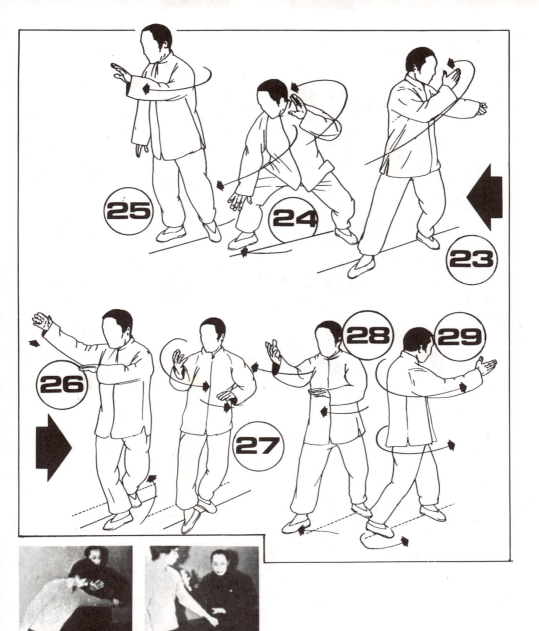

FOTOS 29 e 30: *Aplicação dos tempos 26 a 28 acima (absorção e repulsão do ataque adversário)*

FOTO 29   FOTO 30

FOTOS 31, 32 e 33: *O curso de Tai ji quan dirigido pelo sr. Wang Yen Nien (no centro), de manhã cedinho, no Xuan shan de Taipei*

FOTO 31

FOTO 32

FOTO 33

FOTO 34: *O domínio da respiração (energia vital) permite repulsar com aparente facilidade a força do oponente*

FOTO 34

FOTOS 35 a 37: *Tui shou com o sr. Wang (à direita). Note a concentração de força no dantian*

FOTO 35

FOTO 36

FOTO 37

FOTOS 38 e 39: *Estudo do tui shou no wuguan do sr. Wang Yen Nien em Shi Lin (subúrbio de Taipei). O sr. Wang, que tem mais de 70 anos nessas fotografias (à direita), domina com uma força e um timing espantosos o jogo do oponente. Seu adversário é o sr. Serge Dreyer, ao qual cabe o mérito de haver sido o primeiro a divulgar o Lao jia Tai ji quan na França*

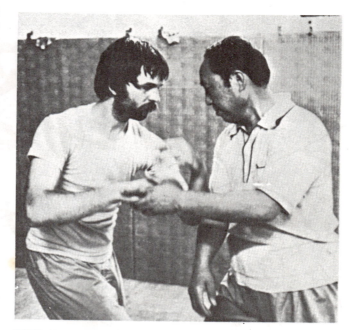

FOTO 38

utor agradece ao sr. Serge DREYER,
ito no Lao jia Tai ji Quan, que redigiu
textos e comentários deste capítulo.

FOTO 39

205

TAI JI QUAN
(TAI CHI CHUAN)

太極拳

REDESCOBERTA DA ESPONTANEIDADE

RELAXAMENTO E AÇÃO

GINÁSTICA PARA A SAÚDE

ESCOLA DE AUTODOMÍNIO

ARTE DE VIVER

com

Roland HABERSETZER,

Professor de Tai Ji diplomado pela Federação do Gojukensha de Tóquio
Presidente do Centro de Pesquisa Budô

CENTRO de PESQUISA BUDÔ

Cursos semanais em ESTRASBURGO
Informações: C.R.B. (Centro de Pesquisa Budô) – Chemin du Looch 67530 ST NABOR = FRANCE – Tel.: (0033) (88) 95.80.95

TAI-CHI CHUAN —
ARTE MARCIAL, TÉCNICA DA LONGA VIDA

Catherine Despeux

O Tai-chi Chuan — ou Taiji quan — classificado pelos chineses entre as artes marciais, tinha na antigüidade chinesa um significado mais amplo que o atual e indicava igualmente a força de uma pessoa, sua bravura e habilidade.

A partir do século XX, porém, foi mudando de natureza e passou a ser cultivado, tanto na China como no Ocidente, com dois objetivos principais: como disciplina psicossomática e como arte marcial, embora sob este último aspecto seja menos conhecido no Ocidente.

Definido modernamente como "a arte da meditação em movimento", os movimentos flexíveis e lentos do Tai-chi Chuan promovem a harmonização das energias Yin e Yang através da coordenação entre consciência e respiração, libera as tensões corporais, e seu efeito terapêutico se faz sentir tanto sobre a saúde física como sobre a saúde mental.

Além disso, por utilizar e desenvolver a energia interior, essa antiga arte marcial se aparenta com as técnicas taoístas de longevidade, razão pela qual também é chamada de "a arte da longa vida".

EDITORA PENSAMENTO

Outras obras de interesse:

TAI-CHI CHUAN – Arte Marcial,
Técnica da Longa Vida
Catherine Despeux

GESTOS DE EQUILÍBRIO
Tarthang Tulku

**KUM NYE – TÉCNICAS DE
RELAXAMENTO (2 vols.)**
Tarthang Tulku

**TÉCNICAS MODERNAS DE
RELAXAMENTO**
Sandra Horn

T'AI CHI CH'UAN PARA A SAÚDE
Martin e *Emily Lee – Joan
Johnstone*

**ZEN SHIATSU – COMO
HARMONIZAR O YIN/YANG
PARA UMA SAÚDE MELHOR**
Shizuto Masunaga e *W. Ohashi*

**O SEGREDO DE ACERTAR NO
ALVO**
Jackson S. Morisawa

**EXERCÍCIOS CHINESES PARA A
SAÚDE**
Dr. Cho Ta Hung

CHUANG-TZU – Escritos Básicos
Burton Watson (org.)

AIKIDO
Wagner J. Bull

HARA – O Centro Vital do Homem
Karlfried Graf Dürckheim

**O ARQUEIRO ZEN E A ARTE DE
VIVER**
Kenneth Kushner

I CHING – O Livro das Mutações
Richard Wilhelm (org.)

O ZEN NA ARTE DA PINTURA
Helmut Brinker

**O ZEN NA ARTE DA CERIMÔNIA
DAS FLORES**
Gusty L. Herrigel

TAO-TE KING
Lao-Tzu

**TAO – TRANSFORMAÇÃO DA
MENTE E DO CORPO**
Huai-Chin Nan

CH'I – ENERGIA VITAL
Michael Page

Peça catálogo gratuito à
EDITORA PENSAMENTO
Rua Dr. Mário Vicente, 374 – Fone: 272-1399
04270-000 – São Paulo, SP